Familien-Reiseführer
BERLIN

COMPANIONS

Berlin

Futuristische Architektur am Potsdamer Platz: das Zeltdach des Sony Centers

Berlin für Eltern und Kinder
Berlin entdecken........6
Was Eltern wissen sollten........11
Essen & Trinken........14

Kinderfreundliche Strand- und Freibäder
Ein Kinderfreibad mitten in der City:
Monbijoubad........18
Schwimmspaß im Volkspark:
Sommerbad Humboldthain........19
Viel Platz am Familienstrand:
Strandbad Plötzensee........20
Rutschen und Planschen im „hohen Norden": Strandbad Tegeler See........21
Trubel in Berlins größtem Freibad:
Sommerbad Pankow........22
Seeidyll am Stadtrand:
Freibad Lübars........23
Sandstrand und Bootsverleih am Dahme-Ufer: Flussbad Krokodil........24
Buddeln im Sand von Usedom:
Strandbad Orankesee........25
Am größten See der Hauptstadt:
Strandbad Müggelsee........26
Strandkörbe an der Regattastrecke:
Strandbad Grünau........27
Das größte Binnenseebad Europas:
Strandbad Wannsee........28
In kaiserlicher Umgebung:
Stadtbad Park Babelsberg........30
Tauchen und surfen südlich von Potsdam: Waldbad Templin........32

Zehn Touren, die allen Spaß machen
Tour 1 – Sightseeing mit Bus, Bahn und Tram: Kreuz und quer durch die ganze Stadt........34
Tour 2 – Berlin von seiner süßen Seite: Ab durch die Berliner Mitte........39
Tour 3 – Auf den Spuren der Berliner Bären: Tiere aller Art in Mitte und Charlottenburg........44
Tour 4 – Über den Dächern Berlins: Tiergarten, Mitte und Kreuzberg von oben........49
Tour 5 – Reise in die Berliner „Unterwelt": Grusel und Action im Wedding, in der City und in Kreuzberg........54
Tour 6 – Die Schätze der Museumsinsel: Kultur in Mitte........59

Tour 7 – Natur pur im Grunewald:
Viel Grün im Südwesten der Stadt 64
Tour 8 – Unterwegs im Prenzlauer Berg: Berlins „Kinderhochburg" 69
Tour 9 – Ausflug in die Theater- und Filmstadt Berlin: Von Adlershof nach Moabit 74
Tour 10 – Mit dem Schiff auf der Spree und dem Landwehrkanal: Mitte, Kreuzberg und Charlottenburg vom Wasser aus 79

Die tollsten Attraktionen für Kinder
Eisenbahnwelten en miniature:
Loxx am Alex 86
Technikwunder im Güterbahnhof:
Deutsches Technikmuseum 87
Der artenreichste Zoo der Welt:
Zoologischer Garten Berlin 88
Faszinierende Wasserwelten:
Aquarium Berlin 90
Experimente in der Zündholzfabrik:
Labyrinth Kindermuseum 91
Spaß nonstop: Jacks Fun World 92

Der Zoologische Garten: nicht nur wegen Eisbär Knut der Hit für Kids

Elefant, Tiger & Co im Schlossgarten: Tierpark Berlin 93
Das größte Kinderzentrum Europas: FEZ Berlin 94
Reise durch die tropische Pflanzenwelt: Biosphäre Potsdam 95
Zu Besuch bei Sandmann, Janosch & Co: Filmpark Babelsberg 97
Badevergnügen für kleine Tarzans:
Fläming-Therme Luckenwalde 98
Südseefeeling in Brandenburg:
Tropical Islands 99
Riesenrutschen und Wassergrotten:
NaturTherme Templin 100

Gut zu wissen
Fakten von A bis Z 102
Einkaufen & Mitbringsel.....................112
Feste und Veranstaltungen..................115
Flora & Fauna...118
Geschichte 120
Sport 123

Index 126
Impressum 128

Segelboote und Ausflugsdampfer verkehren auf dem Wannsee

Was Sie wissen sollten

Diese Zeichen und Symbole begleiten Sie durch das ganze Buch und geben Ihnen besondere Informationen:

Die Mini-Karte von Berlin mit dem dicken roten, grünen oder blauen Punkt zeigt Ihnen auf einen Blick, an welchem Ort sich die jeweilige Adresse befindet.

Infos zur Region oder spezielle Empfehlungen für die Eltern gibt's in den grünen Kästen.

In den orangefarbenen Kästen stehen tolle Tipps oder Geschichten für Kinder.

Regionale kulinarische Genüsse oder ein Restaurant, in dem auch Ihre Kinder auf ihre Kosten kommen, finden Sie in den blauen Kästen.

Unsere Autorin Sophie Bauer lebt seit über zwanzig Jahren an der Spree und hat mit ihren zwei Töchtern viele Orte auf Kindertauglichkeit getestet. Ihr Resümee: Berlin ist trotz Autoverkehr eine prima Stadt, um auf Entdeckertour zu gehen. Allein schon wegen der vielen fantastischen Eisdielen und des öffentlichen Nahverkehrs. In Berlin kommt man nämlich auch ohne Auto überall hin – selbst ins hinterletzte Eck vom Grunewald.

BERLIN FÜR ELTERN UND KINDER

Berlin entdecken

Kaum eine Stadt in Deutschland bietet mehr Abwechslung als Berlin. Ob eine Fahrt mit dem Velotaxi, ein Besuch der Staatsoper oder der Aufstieg in die Kuppel des Reichstages – all dies ist Großstadtalltag und Erlebnis zugleich. Die mit rund 3,4 Millionen Einwohnern größte Stadt der Bundesrepublik überrascht dennoch mit lauschigen Ruhepolen, etwa am Ufer der Spree oder im Tiergarten. Berlin ist Regierungssitz, Wissenschaftsstandort und eine brodelnde Kulturmetropole, wie sie in Europa ihresgleichen sucht. Fast 200 Museen sowie zahlreiche Theater, Clubs, Kinos, Galerien und vieles mehr zieht Besucher aus der ganzen Welt magisch an. Auch die Geschichte der 775-jährigen Stadt ist überall präsent. Mancherorts sind sogar noch Einschusslöcher zu sehen, die von den erbitterten Kämpfen aus der Zeit des Zweiten Weltkriegs zeugen. Seit 1989 ist das über 40 Jahre lang geteilte Berlin zwar wieder vereint, die Spuren der Mauerzeit sind jedoch nicht ganz verschwunden.

Die Hauptstadt

Seit 1991 ist Berlin wieder gesamtdeutsche Hauptstadt und seit dem Umzug etlicher Ministerien von Bonn nach Berlin 1999 Regierungssitz des Landes. An etlichen Büros im neuen Regierungsviertel spaziert man einfach vorbei und schaut den Abgeordneten bei der Arbeit zu. Dank der öffentlich zugänglichen Kuppel des Reichstags kann man von oben sogar in den Bundestag schauen. Berlin selbst ist ein Stadtstaat, also ein eigenes Bundesland, und besteht aus zwölf Bezirken mit insgesamt 95 Ortsteilen. Die Stadt ist umgeben vom Bundesland Brandenburg – mit über 1.000 Seen und dichten Wäldern ein ideales Naherholungsgebiet für die Berliner. Brandenburg ist wenig besiedelt, weshalb selbst an heißen Sommerwochenenden dort menschenleere Badeseen zu finden sind. Berlin war schon früher Hauptstadt. Bis 1945 befand sich hier der Regierungssitz Preußens, zudem war die Metropole zwischen 1871 und 1945 sogenannte Reichshauptstadt. Von 1949 bis 1990 war Berlin geteilt in Ost- und Westberlin, der Ostteil

Über den Köpfen der Politiker: in der gläsernen Kuppel des Reichstags

Berlin für Eltern und Kinder

war Hauptstadt der DDR. Eine von DDR-Seite aus schwer bewachte, über 2 m hohe Mauer trennte die beiden Stadthälften vom 13. August 1961 bis zum 9. November 1989. Sie sollte die Flucht der DDR-Bürger in den Westen verhindern. Anschaulich und umfassend wird die jüngste Geschichte in der Gedenkstätte Berliner Mauer (siehe Tour 5, S. 56), im Checkpoint-Charlie-Museum (siehe Kasten) oder in der East Side Gallery (siehe Tour 10, S. 81) präsentiert.

Eine Stadt mit zwei Zentren

Wer auf der Autobahn nach Berlin fährt, sieht es schon an den Schildern: Da ist von Zentrum-West und -Ost die Rede. Der Ostteil hat sein Herz am Alexanderplatz und Unter den Linden. Die Mitte des westlichen Berlins befindet sich am Kurfürstendamm und am Breitscheidplatz mit der Gedächtniskirche. Ein Para-

Checkpoint Charlie, bis 1989 Grenzübergang von West- nach Ostberlin

dies für Shopping-Victims mit vielen Boutiquen und Kaufhäusern. Im Osten wiederum liegt die historische Mitte Berlins mit Staatsoper, Museumsinsel und Schauspielhaus. Das berühmte Brandenburger Tor, einst Wahrzeichen der Stadt, lag während des Kalten Krieges im Niemandsland zwischen beiden Stadthälften, gehörte aber offiziell zu Ostberlin. Eine Fahrt mit dem Bus 100 verbindet beide Stadtzentren und veranschaulicht, dass sich die Sehenswürdigkeiten der Stadt wie Perlen an einer Schnur aneinanderreihen: Gedächtniskirche, Siegessäule, Schloss Bellevue, Reichstag, Brandenburger Tor bis hin zum Fernsehturm.

Auf Erkundungstour

Trotzdem Berlin eine große Stadt ist, lassen sich viele Highlights im Zentrum zu Fuß erkunden. Entlang der Spree führt etwa ein Spazierweg, auf dem Sie vom Schloss Charlottenburg bis zum Regierungsviertel marschieren könnten. Aber das ist vielleicht für kurze Beinchen ein wenig weit, weshalb sich hier eine Fahrt mit dem Ausflugsdampfer anbietet, die

---

Checkpoint-Charlie-Museum

Wie es DDR-Bürger schafften, trotz Mauer und Grenzanlagen in den Westen zu flüchten, können Sie hier nachvollziehen: Da gibt's Fluchtautos mit doppeltem Boden oder einen selbst gebauten Ballon, mit dem einst eine ganze Familie über die Grenze schwebte.
Friedrichstr. 43, 10969 Berlin (Kreuzberg), Tel. 25 37 250, info@mauermuseum.de, www.mauermuseum.com.
U-Bahn: Kochstraße. Tägl. 9-22 Uhr, Erw. € 12,50, Kinder € 7,50.

> **News aus der Hauptstadt**
> Wer wissen möchte, wo und wie die „Tagesschau" im Fernsehen entsteht, sollte das **ARD-Hauptstadtstudio** in der Nähe des Regierungsviertels besuchen. Kostenlose Führungen finden mittwochs und samstags um 15 Uhr statt. Anmeldung unter Tel. 22 88 11 10. Wilhelmstr. 67a, 10117 Berlin (Mitte), kontakt@ard-infocenter.de, www.ard-hauptstadtstudio.de. U-/S-Bahn: Friedrichstraße.

im Sommer im Stundentakt die Innenstadt durchqueren. Oder Sie nehmen den Bus. Die gelben Doppeldecker, die überall in der Stadt unterwegs sind, bieten vom Oberdeck einen prima Ausblick auf das Gewusel in den Straßen. Flotter geht es mit Straßenbahn (Tram), S- und U-Bahn. Immerhin: Das öffentliche Verkehrsnetz Berlins gehört zu den am besten ausgebauten der Welt! Viele Bahnen in der City fahren werktags im Zwei- bis Fünf-Minuten-Takt. Nachts gewährleisten Nachtbusse und ausgewählte Bahnlinien den Rückweg ins Hotel.

Stadt am Wasser
Die Flüsse Spree, Havel und Panke sowie zahlreiche Seen und zwei Kanäle sorgen dafür, dass Berlin nah am Wasser gebaut ist. Rund 500 km Ufer gibt es, und fast jeder Bewohner hat einen natürlichen Badesee, ein Strandbad oder zumindest ein Flussufer zum Spazierengehen in der Nähe. Wer Glück hat, wohnt am Wasser und parkt sein Bötchen vor der Tür wie etwa viele Familien im Stadtteil Köpenick. Die Fahrgastschiffe mehrerer Reedereien entführen ihre Passagiere zu wunderbaren Touren durch die Stadt oder über die großen Seen wie den Wann- und Müggelsee.

Rau, aber herzlich
Berliner haben immer einen flotten Spruch auf den Lippen. Fragt etwa ein Tourist einen Busfahrer nach einer bestimmten Linie, kann der schon mal antworten: „Schauen Sie doch mal unter'm Sofa nach." Das ist mitnichten böse gemeint, aber ein echter Berliner kann es eben nicht lassen, andere zu foppen. Wer schlagfertig ist, steigt im Ansehen der Einwohner gleich um einiges. Doch wer sind eigentlich *die* Berliner? Dazu gehören auch rund 250.000

> **Keine Langeweile**
> Wenn's mal regnet oder die Kids keine Lust auf Sightseeing haben: In allen Berliner Tageszeitungen, Stadtmagazinen und im Internet unter **www.zitty.de** erfahren Sie täglich, was in Berlin für Kinder alles geboten wird – ob Basteln, Malen, Exkursionen, Kino oder Theater. Informationen zu Ausstellungen, Führungen und Veranstaltungen von rund 200 Berliner Museen, Gedenkstätten, Schlösser und Sammlungen, die speziell auch für Familien und Kinder interessant sind, erhalten Sie unter **www.museumsportal-berlin.de**.

zugezogene Schwaben, rund 116.000 Türken, rund 45.000 Polen sowie viele Tausend Russen, Vietnamesen, Franzosen, Italiener etc. Berlin ist eine bunte Stadt mit Märkten, auf denen fast nur türkisch gesprochen wird, mit arabischen Bäckern und russischen Supermärkten. In Stadtteilen wie im Kreuzberger Wrangelkiez ist die deutsche Bevölkerung in der Minderheit: Über 90 Prozent der Schüler an manchen Grundschulen sind nicht deutscher Herkunft. Berlin war schon immer eine weltoffene Stadt. Bereits vor über 200 Jahren luden die preußischen Herrscher religiös Verfolgte aus ganz Europa ein, sich an der Spree niederzulassen. Ein Resultat ist, dass viele Berliner heute französische Vorfahren haben, da sich auch Hugenotten hier eine neue Heimat suchten. Davon zeugt heute noch der Französische Dom sowie der Ausdruck „urs" (franz. Bär) für super. Zudem haben etliche Berliner französisch klingende Nachnamen.

Hauptstadt der Kreativen

2006 wurde Berlin von der UNESCO zur „City of Design" gekürt. Berlin ist damit als erste deutsche Stadt im globalen „Creative City Network" der UN-Organisation für Bildung, Wissenschaften und Kultur vertreten. Die Auszeichnung würdigt das kreative Potenzial der Stadt und verweist zugleich auf eine aufstrebende Industrie: Berlin gilt international als Labor für neue Produktionsverfahren und dezentrales Schaffen.

Acht Berliner Ausbildungsstätten, darunter zwei Kunsthochschulen und drei Modeschulen, bilden derzeit Designer aus. Rund 12.000 Einwohner arbeiten in der Designwirtschaft und produzieren Mode, Möbel und Lampen. Ca. 5.000 Designerfirmen erwirtschaften in Berlin einen Umsatz von ca. 800 Millionen Euro jährlich. Schauen Sie, und staunen Sie darüber, was Berliner alles kreieren. In Läden wie „Aus Berlin" oder „Luxus International" (siehe S. 114) gibt es etwa den Palast

Zentrum der Politik: Das Bundeskanzleramt trägt den Spitznamen „Waschmaschine"

der Republik als Abrissblock, Quartettspiele von Plattenbauten und jede Menge Streetwear von Berliner Modelabels.

Kleine ganz groß

Neben all dem weltstädtischen Flair ist Berlin aber auch eine kinderfreundliche Stadt: In den Innenstadtbezirken wie Charlottenburg, Mitte und Prenzlauer Berg gibt es so viel Nachwuchs wie lange nicht mehr. Teilweise steigen die Geburtenraten um jährlich über vier Prozent! Das liegt daran, dass immer mehr Familien im Zentrum bleiben und nicht mehr ins Eigenheim vor die Stadt ziehen. Dementsprechend kinderfreundlich eingestellt sind viele Cafés und Museen. Spezielle Offerten für Erwachsene mit Kindern gehören heute einfach zum guten Ton. Tolle Spielplätze, Kinderbauernhöfe und Sportmöglichkeiten in den Parks stillen den Bewegungsdrang der Sprösslinge. Bald an jeder Ecke steht eine Halfpipe-Anlage für Skater, Beachball-Courts gibt es zu Hunderten in der Innenstadt. Das alles sorgt dafür, dass sich auch urlaubende Familien in Berlin mehr als wohlfühlen. Und sich mit einer Fahrradriksha durch die Stadt kutschieren zu lassen, leckeres Eis zu essen und Politikern in der Reichstagskuppel auf dem Kopf herumzutanzen macht nicht nur Kindern Spaß.

> ### Spielplätze
> *Im Wald rutschen oder Seilbahn fahren? Das geht auch mitten in Berlin, etwa auf dem **Waldspielplatz** am Fuß des Teufelsbergs **im Grunewald**. Die Spielgeräte wurden aus Naturmaterialien gestaltet: Hölzerne Spielschiffe, Kletterspinnen und Rutschentürme sorgen für ausreichend Abwechslung. Tische und Bänke laden zum Picknicken ein (S-Bahn Heerstraße, dann 15 Min. Fußweg). Wo sich weitere Spielplätze befinden, erfahren Sie unter Tel. 64 19 37 30.*

Berlin – Hauptstadt der Kunst, Kultur und Kinder

Was Eltern wissen sollten

In Berlin tut sich viel für Kids, neue Spielplätze und andere Freizeitattraktionen entstehen. Und an so gut wie allen Orten, die kostenpflichtig sind, gibt es Kinderermäßigungen. In die staatlichen Museen (u. a. die Museumsinsel, Gemäldegalerie) kommen Kinder unter 18 Jahren sogar ganz umsonst hinein. Dank des gesetzlichen Rauchverbotes in allen Cafés, Restaurants und Kneipen können Eltern noch entspannter mit ihrem Nachwuchs Essen gehen oder eine Limo zischen. Leider gibt es immer wieder Mitmenschen, die auf Spielplätzen unbedingt mit einem Bier in der Hand auf ihren Nachwuchs aufpassen müssen. Eine Unsitte, die besonders in Szenebezirken wie Prenzlauer Berg und Friedrichshain um sich greift.

Klima und Reisezeit

Berlin liegt in der gemäßigten Klimazone. Juli und August sind die wärmsten Monate, am kältesten ist es im Januar. Auch in der Hauptstadt bekommt man den allgemeinen Klimawandel zu spüren: Die Winter sind nicht mehr so frostig wie früher, und die milden Sommertemperaturen halten manchmal bis Mitte Oktober an. Es kann allerdings sehr frisch werden, wenn im Winter sibirische Ostwinde über die Stadt wehen. Im Hochsommer werden häufig tagsüber Temperaturen über 30 Grad erreicht, im Juli regnet es aber auch oft. Regenfeste Kleidung und feste Schuhe sollte man also rund ums Jahr in den Koffer packen. Angenehmste Reisezeit sind der Mai und der September, denn in diesen Monaten ist es schon wärmer bzw. nicht zu stickig, und es scheint meistens die Sonne. Wer während seines Stadtaufenthaltes auch mal eins der Strand- und Freibäder in und um Berlin testen möchte: Die Freiluftsaison unter Aufsicht der Bademeister beginnt im Mai – dann trauen sich aber meist nur Hartgesottene in die Fluten – und endet im September, der Wasserratten oft noch angenehme Badetemperaturen beschert. Doch zum Glück gibt es in fast jedem Stadtteil ein Hallen- oder Kombibad, das auch bei Schmuddelwetter oder Kaltfronten ungetrübte Badefreuden verspricht.

Wasserqualität

Das Wasser in den Berliner Seen hat selbst im Sommer eine sehr gute Qualität. Algen bilden sich zumeist in flache-

---

Auf den Spuren von Emil
Das spannende Buch von Erich Kästner „Emil und die Detektive" stand Pate für die Idee, Kinder auf eine Abenteuertour quer durch die Stadt zu schicken. Als Detektive entdecken sie gemeinsam mit einem Stadtführer auch die Geschichte der Stadt. Termine bitte erfragen bei **Stattreisen***, Malplaquetstr. 5, 13353 Berlin (Wedding), Tel. 455 30 28, info@stattreisenberlin.de, www.stattreisenberlin.de. Kosten: € 5 pro Kind.*

ren Gewässern und in der Havel, wo auch schon mal ein Badeverbot wegen giftiger Blaualgen verhängt wird. Eine Untersuchung der Badestellen erfolgt vom 15. Mai bis 15. September im 14-tägigen Abstand durch das Landesamt für Arbeitsschutz, Gesundheitsschutz und technische Sicherheit Berlin. Auch nach heftigen und länger andauernden Regenfällen wird oft das Baden in natürlichen Gewässern untersagt, da das Schmutzwasser von den Berliner Straßen und Gehwegen in die Seen und Flüsse gelangt. Über die Qualität der Berliner Gewässer informieren im Sommer alle lokalen Zeitungen. Zudem veröffentlicht der Berliner Senat aktuelle Wasserwerte unter www.berlin.de/badegewaesser, und Sie erhalten rund um die Uhr Informationen hierzu unter Tel. 902 29 55 55. Auch die Trinkwasserqualität in Berlin hat einen guten Ruf, d. h., Sie können Ihr Glas bedenkenlos unter den Wasserhahn halten, wenn Sie durstig sind. Vorsicht ist allerdings bei unsanierten Altbauten mit alten Rohren geboten, dort können die Bleiwerte höher sein als erlaubt. Berlins Wasser ist sehr kalkhaltig, weshalb nach längerem Duschen die Haut schnell austrocknet und danach einer Extraportion Pflege bedarf.

Luft und Verkehr
Zu Mauerzeiten hing besonders im Winter regelmäßig eine Smogglocke über der Stadt, Fahrverbote wurden häufig verhängt. Seit aber in vielen Häusern des 19. Jh. die Kohleöfen abgeschafft und durch moderne Zentralheizungen ersetzt wurden, hat sich die Stadtluft verbessert. Der Stadtbereich innerhalb des S-Bahn-Rings ist mit Schildern, auf denen „Umweltzone" steht, ausgewiesen. Um Feinstaubemissionen einzudämmen, dürfen seit 2008 nur abgasarme Kraftfahrzeuge in die Innenstadt fahren. Je nach Sauberkeit müssen die Autos mit einer grünen (schadstoffarm), gelben (mittel) oder roten (hoher Schadstoffausstoß) Plakette gekennzeichnet sein. Seit 2010 dürfen nur noch Kfz mit grünem Button in den Innenstadtbereich. Berlinbesucher sollten ihr Fahrzeug entweder außerhalb des S-Bahn-Rings parken und in der Innenstadt mit öffentlichen Verkehrsmitteln weiterfahren oder sich eine Besucherplakette besorgen. Wie das funktioniert, erfahren Sie im Kapitel „Fakten von A bis Z", Abschnitt „Umweltzone" auf S. 109.

Übernachten
Für Familien mit Kindern, die in Berlin Urlaub machen möchten, sind Apartments ideal, die häufig auch von Privat-

---

> ### Schmökern statt Shoppen
> *Sie möchten einkaufen oder ein Museum besuchen, doch Ihre Kinder streiken? Dann lassen Sie Ihren (schulreifen) Nachwuchs doch einfach in einer der Berliner Bibliotheken mit Kinderabteilung. In der **Philipp-Schaeffer-Bibliothek** in Mitte etwa gibt es eine ganze Etage mit Spielen, Computern und natürlich Kinderbüchern. Brunnenstr. 181, 10119 Berlin (Mitte), Tel. 200 92 44 44. U-Bahn: Rosenthaler Platz. Mo-Fr 10-19.30, Sa 10-14 Uhr, Eintritt frei.*

personen im Internet angeboten werden. Statt in einem Hotelzimmer für jeden Tee die Rezeption anzuklingeln, versorgen Sie sich so bequem in der „eigenen" Küche. Schon ab € 500 pro Woche werden Wohnungen für vier Personen vermietet (siehe S. 110). Sehr geräumig und auch für Familien geeignet sind preisgünstige Pensionen mit Mehrbettzimmern, Hostels und Jugendherbergen. Um Ihnen die Auswahl zu erleichtern, finden Sie im Kapitel „Gut zu wissen" eine Auflistung kinderfreundlicher Unterkünfte in Berlin (S. 110-111). Für was Sie sich auch entscheiden, fragen Sie in jedem Fall nach, ob eventuell benötigtes Zubehör wie Kinderbettchen oder -hochstuhl vorhanden ist bzw. ob Sie es im Hotel oder in der Pension gegebenenfalls reservieren können.

Einkaufen

Wenn Sie in die Großstadt Berlin fahren, haben Sie bei der Organisation des Alltags keine Probleme zu erwarten. Wichtige Dinge des täglichen Bedarfs, etwa zur Kinderpflege oder Babynahrung, gibt's natürlich in jeder Drogerie und in jedem Supermarkt – vieles ist sogar günstiger als bei Ihnen zu Hause. Darüber hinaus eröffnet sich in Berlin ein schier unbegrenztes Shoppingangebot, das die Herzen so mancher kaufbegeisterter Eltern höherschlagen lassen wird. Hübsche Läden mit Spielzeug und Kleidung für Kinder gibt es vor allem in den Bezirken Charlottenburg, Mitte und Prenzlauer Berg (siehe S. 112). Auch die zahlreichen Berliner Flohmärkte (siehe S. 113) sind Fundgruben für Groß und Klein, wenn es um Spielzeug oder Bekleidung geht.

Shopping und Kulturgenuss in den Hackeschen Höfen

Essen & Trinken

Deftig und sättigend ist die ursprüngliche Berliner Küche mit Buletten, Eisbein, Erbspüree und Kartoffeln. Doch die typischen Gerichte stehen immer seltener auf dem Speiseplan Berliner Restaurants. Stattdessen wird heute gern mediterran gegessen mit viel Pasta, Pizza und Salat. Aber auch der österreichischen Küche ist man nicht abgeneigt, was den Boom der Schnitzelbrätereien in der Stadt erklärt. Immer öfter bieten Imbisse neben der berühmten Currywurst (siehe Kasten S. 16) auch selbst gemachte Burger an. Besonders in Kreuzberg und Prenzlauer Berg befinden sich wahre Burgerparadiese, wo man die mit Hack und Salat gefüllten Brötchen auch in Bioqualität erhalten kann. Fazit: Eltern müssen sich hinsichtlich des kulinarischen Angebots in der Hauptstadt keine Sorgen machen – hier wird jeder noch so mäkelige Zwerg satt.

Berlin à la carte

Eine Berliner Spezialität, die auch Kinder gern mögen, sind Buletten. Im Norden heißen sie Frikadellen, in Schwaben Fleischküchle und wieder woanders Klopse. Die Berliner sind der Meinung, ihre Variante überträfe alle anderen. Womit sie recht haben: Mitunter sind die Fleischbälle so massiv und groß, dass man damit jemanden wie mit einer Kegelkugel umschießen könnte. Das Wort haben übrigens die Hugenotten in Berlin eingeführt. „Boulette" heißt auf Fanzösisch Kügelchen ...

Eltern, die gern deftig essen, ist das geräucherte Schweinefleisch zu empfehlen, das ein Berliner Fleischer mit dem Namen „Kasseler" aus der Taufe gehoben hat. Begleitet wird es meist von Sauerkraut und Kartoffelpüree. Ebenfalls kein wirkliches Kindergericht sind die mächtigen Eisbeine, die mit Erbspüree serviert werden – wenn sie auf den Tisch kommen, stellt sich häufig die Frage, welches Riesenschwein da eigentlich seinen Stampfer hergeben musste. Die riesigen Portionen brauchen einen strapazierfähigen Magen! Ein Korn ist fast obligatorisch nach einem solch opulenten Mahl.

> **„Einen Berliner, bitte!"**
> *Begehen Sie bloß nicht den Fehler und verlangen in einer Berliner Bäckerei einen „Berliner". Die mit Marmelade gefüllten Hefekuchen heißen hier nämlich schlicht Pfannkuchen. Und das, was bei Ihnen zu Hause in der Pfanne gebraten wird, heißt in Berlin Eierkuchen. Ganz einfach. Apropos: Die dünnen Eierkuchen französischer Art sind für Kinder das Größte. Ein Tipp für Naschkatzen ist die **Crêpestation**, wo Crêpes mit verschiedenen Füllungen flink und freundlich serviert werden. Pappelallee 58, 10437 Berlin (Prenzlauer Berg), Tel. 36 44 71 05. U-Bahn: Eberswalder-Straße. Tägl. 11-20 Uhr.*

Die gute alte Schmalzstulle mit einer Prise Salz ist dagegen eine günstige und sättigende Mahlzeit für zwischendurch, die es wieder häufiger in Wirtsstuben und an Imbissbuden gibt. Dazu wird gern eine eingelegte Spreewaldgurke verzehrt. Aus dem Spreewald stammt übrigens auch das Leinöl, das, mit viel Quark gemischt, zu Kartoffeln gegessen wird. Das Öl ist nicht nur lecker und gesund, sondern auch ein beliebtes Souvenir für Besucher von außerhalb. Zum Essen trinken die meisten Berliner gern ein kühles Bier, jedoch zeugen zahlreiche Weinläden in der Stadt auch von einer großen Fangemeinde des Rebensafts. Bier mit Sirup ist nicht jedermanns Sache, aber es schmeckt tatsächlich: Die auch jenseits der Stadtgrenzen bekannte Berliner Weiße „mit Schuss" wird wahlweise mit Waldmeister- oder Himbeersirup gereicht und löscht im Sommer herrlich den Durst.

Ich bin kein Berliner!

Für Süßschnäbel

Auch hinsichtlich der Desserts orientieren sich die meisten Berliner Restaurants heutzutage eher an der „internationalen" Küchenlinie. Die Gelegenheit, einmal die Süßspeise mit dem lustigen Namen „Berliner Luft" – ein lockerer Schaum aus Eigelb und Zucker – zu probieren, hat man daher selten. Ebenfalls fast vergessene Spezialitäten sind „Pflaumen Altberliner Art", in Zucker gekocht und mit gerösteten Schwarzbrotstreifen serviert, oder „Mohnpielen": Aus altem Weißbrot, Mohn, Milch und Mandeln wird eine Art Schichttorte „gebacken", die früher oft als Nachspeise serviert wurde. Dieses Altberliner Gericht – wie viele andere andere auch – haben übrigens die Schlesier im 19. Jh. in Berlin eingeführt. Sie kamen damals zu Tausenden an die Spree und brachten ihre Kultur und natürlich ihre Küchenspezialitäten mit. Von einer anderen Gruppe Berliner „Einwanderer" stammt heutzutage das Rezept für die bei Kindern wohl beliebteste Süßigkeit: Eis. Die besten Eisdielen mit herausragendem Angebot an hausgemachten Eissorten befinden sich im Prenzlauer Berg und in Kreuzberg. Sehr gutes italienisches Eis gibt es zudem rund ums Jahr in zahlreichen Einkaufszentren der Stadt in den sich dort befindenden Eiscafés, zum Beispiel bei „Caffe è Gelato" in den Potsdamer Platz Arkaden (siehe S. 82).

Frisch vom Markt

Wer sich und seine Familie im Urlaub im eigenen Apartment versorgt, dem seien die vielen Berliner Wochenmärkte ans Herz gelegt. Besuchen Sie auch unbedingt einmal einen der Türkenmärkte in Kreuzberg (siehe z. B. Tour 10, S. 81) oder im Wedding. Hier wird um Obst und Gemüse wie auf einem Basar gefeilscht. Jeder Markt hat meist mehrere Imbissstände, an denen man leckere türkische Snacks essen kann. Döner Kebab, die berühmte gefüllte Fladenbrottasche, die von einem türkischen Gastarbeiter in Deutschland erfunden wurde, sucht man hier allerdings oft vergeblich, denn die Türken selbst essen das Fleischgericht vom Spieß gar nicht so gern.

Auch die Wochenmärkte am Winterfeldtplatz in Schöneberg (10777 Berlin (Schöneberg), U-Bahn: Nollendorfplatz. Mi 8-14, Sa 8-16 Uhr) oder am Kollwitzplatz in Prenzlauer Berg (10435 Berlin (Prenzlauer Berg), Tel. 44 33 91 36. U-Bahn: Senefelderplatz. Do 12-19, Sa 9-16 Uhr) sind

Currywurst

Die Berliner Bratwurst mit und ohne Darm mit viel Tomatensoße und Curry wird zwar nicht mehr an jeder Ecke angeboten, dafür sind die heißen Adressen der Stadt umso begehrter. Erfunden wurde die Wurst mit Soße vor über 50 Jahren wahrscheinlich von der Berliner Imbissbudenbesitzerin Herta Heuwer. Unschlagbar: **Witty's Imbiss** *am Wittenbergplatz mit Bioland-Würstchen und Pommes aus handgeschnittenen Kartoffeln (Wittenbergplatz 5, 10789 Berlin (Tiergarten), Tel. 211 94 96) sowie der* **Imbiss am Reichstag** *mit Würsten von glücklichen Neuland-Schweinen (Ebertstr., 10117 Berlin (Mitte), Tel. 241 45 05).*

ein Erlebnis für die Sinne. Spezialitäten aus aller Welt, frisches Obst und Gemüse sowie zahlreiche Stände mit Kunsthandwerk sorgen dafür, dass man schnell mehr einkauft als nur die Lebensmittel für das nächste Mittagessen. Ebenfalls üppig bestückt ist der Markt auf dem Karl-August-Platz (10625 Berlin (Charlottenburg), U-Bahn: Wilmersdorfer Straße. Mi 8-13, Sa 8-14 Uhr). Frische Nudeln, Biomöhren und selbst gemachte Marmelade haben eine große Fangemeinde. Aber aufgepasst: An Samstagen geht es auf allen Wochenmärkten zur Mittagszeit so hoch her, dass man Kinder lieber abwechselnd mit Papi oder Mami in einem Café am Rand „parken" sollte.

Leckere Fast-Food-Erfindung aus Berlin: mundgerecht portionierte Currywurst

KINDERFREUNDLICHE STRAND- UND FREIBÄDER

Monbijoubad

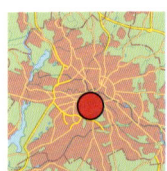

Ein Refugium für Kinder mitten in der City: Im beschaulichen Kinderfreibad Monbijou dürfen nämlich nur Wasserratten bis 15 Jahre planschen. Eltern sind hier quasi nur geduldet – als Zuschauer auf der großen Liegewiese am Ufer der Spree und natürlich als Aufpasser für den Nichtschwimmernachwuchs im höchstens hüfthohen Wasser. Da das lustige Treiben natürlich von Bademeistern beaufsichtigt wird, können Sie sich zwischendurch auch mal entspannt zurücklehnen und die Sonne genießen, ohne dass Sie Ihre lieben Kleinen ständig im Auge haben müssen. Ein Kiosk ist Anlaufstelle für regelmäßigen Eis-Nachschub. Das Bad liegt direkt gegenüber der Museumsinsel (siehe Tour 6, S. 59-63) im Monbijoupark mit Basketballanlage und Fußballplatz. Wer nach den Schwimmen richtig Hunger bekommt, kann im „Ampelmann Restaurant" (siehe Tour 2, S. 43) Pizza oder Ampelmännchennudeln essen. Gehen Sie am Ufer der Spree entlang bis zu den S-Bahn-Bögen. Dort durch die Unterführung und dann links halten. Nach fünf Minuten stehen Sie vorm Restaurant.

Oranienburger Str. 78, 10178 Berlin (Mitte), Tel. 282 86 52. S-Bahn: Oranienburger Straße. Mai-Sep tägl. 10-19 Uhr, Erw. € 4, Kinder € 2,50, Familien € 7.

Idylle mitten in der Stadt: das Kinderfreibad im Monbijoupark

---

Das Badeschiff

Schwimmen im Schiff? Ja, Sie haben richtig gelesen: Ein gewässertes, umgebautes Schubschiff ankert am Treptower Spreeufer und dient als Schwimmbad. An sonnigen Sommertagen rekelt sich Szenepublikum mit Kind und Kegel auf den Stegen und am Sandstrand vor dem Schiff. Im Winter wird die Großstadtbadewanne mit einer doppelwandigen PVC-Membran überspannt, unter der auch zwei Saunen und eine Bar Platz haben. Eichenstr. 4, 12435 Berlin (Treptow), Tel. 53 32 03 82, www.arena-berlin.de. S-Bahn: Treptower Park. Im Winter meist 12-24 Uhr, 3 Std. Erw. € 12, Kinder bis 16 J. € 8. Mai-Sep tägl. 8-24 Uhr, Erw. € 4, Kinder € 3.

Das Winterbadeschiff in der Spree – mit Saunalandschaft und Panoramablick

Sommerbad Humboldthain

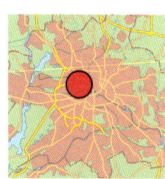

Mitten im Volkspark Humboldthain liegt dieses großzügige Freibad. Die hohen Bäume werfen viel Schatten, Sonnenanbeter liegen daher lieber auf den Bodenplatten rings um das 50-m-Becken. Eine tolle 7 m hohe Röhrenrutsche windet sich in zahlreichen Kurven bis ins Nichtschwimmerbecken. Im Planschbecken und auf dem Spielplatz kommen die Allerkleinsten auf ihre Kosten. Das Publikum ist sehr multikulturell, viele türkische Familien wohnen in der Nachbarschaft. Wer nichts mitgebracht hat, holt sich am Kiosk Snacks fürs Picknick auf dem Badelaken oder schlendert nach dem Schwimmen zum S- und U-Bahnhof Gesundbrunnen, wo jede Menge Imbisse locken.

Und so finden Sie den Weg zum Sommerbad: Am Ausgang des S-Bahnhofs Humboldthain gehen Sie rechts die Wiesenstraße entlang bis zu einem Zebrastreifen. Dort überqueren Sie die Straße und gehen rechts weiter. Nach 10 m zweigt ein Weg in den Park ab, dem Sie bis zur nächsten Kreuzung folgen. Der Weg links führt zum Sommerbad.

Wiesenstr. 1, 13357 Berlin (Wedding), Tel. 464 49 86, S-Bahn: Humboldthain. Mai-Sep tägl. 10-19 Uhr, Erw. € 4, Kinder € 2,50, Familien € 7.

Magic Mountain

Lust auf eine kleine Kletterpartie? Die große Kletterhalle beim Volkspark Humboldthain bietet Schnuppertrainingskurse. Kinder ab 6 Jahren und Erwachsene können in bis zu 15 m Höhe klettern, 200 verschiedene Routen sorgen für Spaß und Anstrengung. Böttgerstr. 20-26, 13353 Berlin (Wedding), Tel. 88 71 57 90, info@magicmountain.de, www.magicmountain.de. U-/S-Bahn: Gesundbrunnen. Mo-Mi, Fr 12-24, Do 10-24, Sa, So 10-22 Uhr, Erw. € 14, Kinder ab 6 J. € 7.

Strandbad Plötzensee

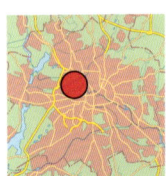

Traditionell verbringen hier viele Familien aus dem Wedding und Tiergarten den Sommer. Doch keine Sorge: Auf der riesigen Liegewiese finden Sie immer ein schönes Plätzchen, auch wenn's voll ist. Am Sandstrand allerdings ist an heißen Tagen kein Zentimeter mehr frei. Durch die Tiefe des Plötzensees – über 10 m – ist das Wasser auch im Hochsommer häufig noch frei von Algen. Attraktion ist ein „Seilzirkus", in dem Kinder bis in 20 m Höhe klettern können. Außerdem gibt es eine Wasserrutsche, einen schönen Spielplatz, Tischtennisplatten, einen Fußballplatz sowie eine Streetballanlage. Der nördliche Bereich des Bades ist für Nacktbader reserviert. Eine Imbissbude sorgt für das leibliche Wohl, Bademeister, Dusch- und Umkleidekabinen für den nötigen „Strandkomfort".
Von Berlin-Mitte ist das Bad in einer halben Stunde zu erreichen. Nehmen Sie einfach die U6 Richtung Tegel bis Seestraße, und steigen Sie dann in die Tram Richtung Virchow-Klinikum um. An der Endhaltestelle steigen Sie aus und biegen rechter Hand in den Park ein. Der See ist nun schon zu sehen.

> ### Vollmondangeln
> *Im Plötzensee tummeln sich kapitale Fische. Die können Sie auch auf den Fotos in der Bude des Ruderbootverleihs bewundern. Wenn Sie einen Angelschein besitzen, leihen Sie sich doch mal ein Boot und gehen in der Dämmerung auf Tour. Eine Ruderpartie lohnt sich aber auch ohne Haken. Seestraße/Ecke Nordufer, 13353 Berlin (Wedding). Tram M13, Haltestelle: Virchow-Klinikum. Mai-Sep tägl. 10-21 Uhr, Boot € 7/Std.*

Nordufer 24, 13351 Berlin (Wedding), Tel. 45 02 01 23, Tram M13, Haltestelle: Virchow-Klinikum. Mitte Mai-Anf. Sep Mo-Fr 10-19, Sa, So 10-20 Uhr, Erw. € 4, Kinder € 2,50, Familien (2 Erw., 1 Kind) € 7, jedes weitere Kind € 1,50.

Schwätzchen am Steg

Strandbad Tegeler See

Der See im Norden Berlins ist mit einer Fläche von 4,6 qkm und einer Länge von 4 km die zweitgrößte Wasserfläche Berlins nach dem Müggelsee (siehe S. 26). Eine riesige Wasserrutsche ist die Attraktion des Strandbades am Westufer. Zudem bieten eine Badeinsel, zwei Sprungtürme (1 und 3 m), der breite Sandstrand, ein Spielplatz, ein Volleyballfeld, Tischtennisplatten und vieles mehr jede Menge Abwechslung.
Zum Buddeln bleibt auch an sonnigen Wochenenden viel Platz. Die Eltern machen es sich derweil auf einer Decke oder in einem der Strandkörbe gemütlich und schauen dem feuchtfröhlichen Treiben zu. Wie in allen anderen Berliner Strandbädern auch wacht geschultes Badepersonal über die Sicherheit Ihres Nachwuchses im Wasser. Dennoch sollte man auf kleine Kinder ein Auge haben: Flach ist der See nur in einem etwa 10 m breiten Ufergürtel, dann wird es zu tief, als dass Knirpse noch stehen könnten. Wenn der Hunger kommt, kann man auf das Angebot der Imbissbude zurückgreifen oder im angrenzenden Restaurant typisch deutsche Küche genießen. Auch ein eigener Bereich für FKK-Anhänger ist vorhanden.

Wanderung am See

Wenn Ihre Kinder schon älter sind, können Sie den Besuch des idyllisch am See gelegenen Bades mit einer einstündigen Wanderung (ca. 4 km) am Ufer entlang verbinden: Start ist an der Greenwichpromenade am Tegeler See. Gehen Sie über die in Sichtweite gelegene rote Brücke immer am Seeufer entlang. Bald kommen Sie an der Skulptur „Der archaische Erzengel von Heiligensee" vorbei, die Siegfried Kühl zum Gedenken an den 100. Geburtstag der Dada-Künstlerin Hannah Höch geschaffen hat. Weiter geht's bis zur Villa Borsig, heute Gästehaus und Akademie des Auswärtigen Amtes. Der eindrucksvolle neubarocke Bau ist leider von hohen Mauern umgeben und nur von der Wasserseite gut zu sehen. Die Villa wurde 1911-13 errichtet und gehörte einst dem Industriellen und Großgrundbesitzer Ernst von Borsig, damals einer der reichsten Männer Preußens.
An der Villa jedenfalls muss man sich rechts halten und immer den Mauern rund um das Gebäude folgen, bis das

> ### Freizeitpark Tegel
> *Ein toller Wasserspielplatz liegt am Nordostufer des Tegeler Sees im Grünen. Dort gibt es auch eine Seilbahn, Schaukeln und eine riesige Wiese zum Toben und Spielen. Wer hungrig wird, kann sich am Imbiss mit Pommes und Würstchen eindecken. An der Malche, 13507 Berlin (Tegel), Tel. 434 66 66, U-Bahn: Alt-Tegel. April-Okt tägl. 9-19 Uhr, Eintritt frei.*

Kinderfreundliche Strand- und Freibäder

Romantischer Sonnenuntergang über dem Tegeler See

Seeufer wieder in Sicht kommt. Dann ist es noch ungefähr 1 km bis zum Strandbad. Wer mit dem Auto kommt, sollte aufpassen, denn die Einfahrt zum Strandbad ist nicht ganz leicht zu finden. Kurz vor dem Stadtteil Konradshöhe weist ein Schild linker Hand den Weg.

Schwarzer Weg, 13505 Berlin (Tegel), Tel. 434 10 78. U-Bahn: Alt-Tegel, dann 4 km zu Fuß oder weiter mit Bus 222, Haltestelle: Falkenplatz, dann 1,2 km Fußweg. Mitte Mai-Anf. Sep tägl. 8-19 Uhr, Erw. € 4, Kinder € 2,50, Familien (2 Erw., 1 Kind) € 7, jedes weitere Kind € 2.

Sommerbad Pankow

Das größte Freibad Berlins bietet jede Menge Spaß und Unterhaltung rund um die drei Wasserbecken. Da das Bad vor wenigen Jahren saniert wurde, ist alles auf dem neuesten Stand. Hier tummeln sich vor allem Familien und Jugendliche aus der Nachbarschaft. Mehrere Rutschen, ein Erlebnisbecken mit Whirlpool, Strömungskanal und Wasserfontänen versprechen ein spritziges Vergnügen. Auch ein Sprungturm mit 5- und 7,5-m-Brett sowie ein 50-m-Becken sind vorhanden. Wer nach dem Bad noch nicht ausgepowert ist, kann sich auf den Beachvolleyball-, Handball- oder Fußballplätzen sportlich betätigen. Gegen Gebühr (€ 2-3) kann man in einer speziellen Anlage sogar Trampolin springen. An die ganz Kleinen wurde natürlich auch gedacht: Für sie gibt es ein Planschbecken mit lustigen Plastikenten, die auf Knopfdruck Wasser speien. Besonders an sonnigen Wochenenden ist es im Bad so voll, dass man auf kleinere Kinder sehr aufpassen muss, damit sie nicht verloren gehen. Sollten die Eltern bei all dem Trubel doch mal zur Ruhe kommen, können sie auf der Liegewiese entspannen. Wer keinen Picknickkorb dabeihat, versorgt sich zwischendurch mit Pommes und Bratwurst von der Imbissbude.

Wolfshagener Str. 91-93, 13187 Berlin (Pankow), Tel. 47 49 72 20. U-/S-Bahn: Pankow. Mitte Mai-Anf. Sep Mo-Fr 10-19, Sa, So 8-20 Uhr, Erw. € 4, Kinder € 2,50, Familien (2 Erw., 1 Kind) € 7, jedes weitere Kind € 2.

Freibad Lübars

Direkt am Naturschutzgebiet Tegeler Fließ gelegen, ist das Freibad Lübars eines der schönsten Ausflugsziele am Berliner Stadtrand. Eigentlich handelt es sich nicht um ein Freibad im klassischen Sinn, sondern um einen Badesee, nämlich den Ziegeleisee. Dieser ist nicht natürlich entstanden, sondern war einst ein Tonstich, in dem sich Anfang des 20. Jh. Wasser sammelte. Aus dem gewonnenen Ton wurden unter anderem die Ziegel für das berühmte Rote Rathaus gebrannt.
Das Freibad liegt nur 300 m von der Bushaltestelle Vierrutenberg entfernt, schöner ist jedoch eine kleine Wanderung am Tegeler Fließ, einem kleinen Bach, entlang zum See. Die Strecke ist ca. 2,5 km lang, daher empfiehlt sich für kleinere Kinder die Mitnahme eines Buggys, in dem man auch gleich alle Badeutensilien verstauen kann. Ab S-Bahnhof Waidmannslust laufen Sie unter den Schienen durch bis zur Oranienburger Straße.

> **Eisdiele Lübars**
> *Einen der besten Eisproduzenten im Berliner Norden finden Sie am Eingang zum Dorf Lübars. An Wochenenden bilden sich hier lange Schlangen – ein Zeichen der Qualität. Viele Kinder reiten in den Ställen der Umgebung und belohnen sich hinterher mit einer Waffel voll Eis. Alt-Lübars 36a, 13469 Berlin (Lübars), Tel. 403 55 55. Bus 111, Haltestelle: Alt-Lübars. Mai-Okt tägl. 9-19 Uhr.*

Diese überqueren, dann links den Oraniendamm entlanggehen, bis Sie nach rund 50 m auf den Fließ stoßen. Wenn Sie diesen überquert haben, führt rechts ein kleiner Weg immer am Bach entlang, bis der Ziegeleisee in Sicht kommt. Hier können die Kinder nach Lust und Laune planschen, rutschen und vom 5-m-Brett springen. Strandkörbe am Sandstrand verbreiten einen Hauch von Ostsee-Stimmung. Am Imbiss warten die obligatorischen Pommes und Süßigkeiten auf Abnehmer.
Von Berlin-Mitte aus fahren Sie mit S-Bahn und Bus rund 35 Minuten. Mit dem Auto benötigen Sie von der Innenstadt bis zum Freibad ca. 40 Minuten.

Strandtag in Berlin: gemütliches Treiben auf dem Ziegeleisee

Am Freibad 9, 13469 Berlin (Lübars), Tel. 402 60 50. S-Bahn: Waidmannslust, dann ca. 2,5 km Fußweg, od. Bus 222, Haltestelle: Vierrutenberg. Mitte Mai-Anf. Sep Mo-Fr 10-19, Sa, So 8-20 Uhr, Erw. € 4, Kinder € 2,50, Familienkarte (2 Erw., 1 Kind) € 8.

Flussbad Krokodil

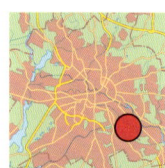

Bootsverleih, Steganlagen, Bademeister und ein Sandstrand verheißen ein unbeschwertes Sommervergnügen – und das im Südosten Berlins, am Ufer der Dahme. Bereits 1897 eröffnete hier ein Flussbad, das 1991 wegen Baufälligkeit geschlossen werden musste. Dank des Vereins „Der Cöpenicker" konnte das beliebte Bad gerettet werden. Aus einer ehemaligen Bootswerft und den Baracken des alten Bades entstan-

Am Ufer der Dahme lädt das Flussbad Krokodil zum Badevergnügen ein

den das „Hostel am Flussbad" (Übernachtung pro Pers. u. Nacht im Mehrbettzimmer € 17) und das Restaurant „Krokodil". Hier kann man nicht nur sehr gut essen, sondern dabei auch noch direkt am Wasser sitzen. Das angeschlossene Seminarzentrum mit Hotel vermietet auch Boote (4er-Kanu € 20 pro Std.), auf Anfrage werden geführte Kanutouren angeboten (€ 25 pro Stunde). Vom Berliner Zentrum benötigen Sie rund 45 Minuten bis zum Flussbad.

Gartenstr. 46-48, 12557 Berlin (Köpenick), Tel. 64 32 96 78, der-coepenicker-ev@t-online.de, www.der-coepenicker.de. Tram 62, Haltestelle: Betriebshof Köpenick. Mitte Mai-Anf. Sep tägl. 9-19 Uhr, Erw. € 2, Kinder € 1,50.

Eine lustige Bahnfahrt
Wenn Sie Ihrem Nachwuchs vor oder nach dem Bad noch ein besonderes Bonbon bieten wollen: Durch die **Wuhlheide**, *den 166 ha großen Park im Südosten Berlins, tuckert eine echte* **Parkeisenbahn**. *Schaffner, Schrankenwärter und Zugführer sind übrigens Berliner Kinder. An der Wuhlheide 189, 12459 Berlin, Tel. 53 89 26 60, info@parkeisenbahn.de, www.parkeisenbahn.de, Tram 63, Haltestelle: Freizeit- und Erholungszentrum. Rundtour Erw. € 3, Kinder bis 14 J. € 2, Kurzstrecke € 2/€ 1.*

Strandbad Orankesee

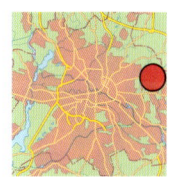

Ein idyllischer See, von Bäumen gesäumt, mit Enten und Schwänen – wer wähnt sich da mitten in der Stadt? Strandkörbe, Sand, Tischtennis- und Volleyballanlagen schaffen das richtige Urlaubsgefühl. Der Sand für den 300 m langen Strand wurde zur Eröffnung des Strandbades 1929 übrigens von der Insel Usedom herangekarrt. Das Wasser ist sauber, eine Leine markiert, wo der Nichtschwimmerbereich aufhört. Bademeister wachen darüber, dass im und ums Wasser alles mit rechten Dingen zugeht. Hier gehen viele Bewohner der umliegenden Plattenbausiedlungen im Nordosten der Stadt schwimmen. Bekannt ist das Strandbad wegen der Eisbader, die sich hier regelmäßig im Winter treffen, um sich abzuhärten. Von Berlin-Mitte aus sind Sie in ca. 35 Minuten am Strandbad. Der kürzeste Weg von der Tram zum Strandbad durchquert eine Laubenkolonie. Folgen Sie der Hansastraße 20 m entgegen der Fahrtrichtung der Tram. Linker Hand zweigt ein kleiner Weg ab, der direkt zum See führt.

Gertrudstr. 7, 13053 Berlin (Hohenschönhausen), Tel. 986 40 32, Tram M4, Haltestelle: Buschallee/Hansastraße Mitte Mai-Anf. Sep tägl. 9-19 Uhr, Erw. € 4, Kinder € 2,50.

Strandbad Müggelsee

Der Müggelsee im Südosten ist mit über 7 qkm der größte See der Hauptstadt. Ein schöner Spaziergang durch den Wald führt vom S-Bahnhof Friedrichshagen direkt zum Strandbad am Ostufer. Biegen Sie am Ausgang rechts ab, und laufen Sie ein Stück am Bahndamm entlang.
Der zweite Waldweg links führt direkt zum ca. 1 km entfernten Strandbad mit Strandkörben, viel Platz zum Toben und einem kinderfreundlichen, flach abfallenden Ufer. Am Sandstrand lässt es sich auch herrlich buddeln. Vielleicht finden die Strandpiraten ja einen Krebs?
Die gibt es am Müggelsee wie in vielen anderen Berliner Gewässern des Öfteren,

> ### Wasserwerk Friedrichshagen
> *Wie kommt eigentlich das Wasser in die Berliner Wohnungen? Im drittältesten Wasserwerk der Stadt gibt es eine tolle Ausstellung: Im Maschinenhaus mit den drei Schöpfmaschinen kann man studieren, wie früher das Wasser aus dem Müggelsee geholt wurde. Müggelseedamm 307, 12587 Berlin (Friedrichshagen), Tel. 86 44 76 95, info@museum-im-wasserwerk.de, www.museum-im-wasserwerk.de. Di-Fr 10-16, So 10-17 Uhr. Erw. € 2,50, Kinder € 1,50.*

Ein langer Badetag am Müggelsee neigt sich dem Ende zu

sie sind auch ein Indikator für die gute Wasserqualität. Für Sportliche stehen Tischtennisplatten, Basketballkörbe und eine Volleyballanlage bereit. Zwar gibt es derzeit keine Bademeister, dafür muss aber auch kein Eintritt gezahlt werden. Duschen und Umkleidekabinen sind gleichwohl vorhanden, und natürlich gibt es auch etwas zu essen: Immer dem Pommesduft nach, und Sie gelangen zum Imbiss. Eine Fahrt von Berlin-Mitte bis zum Freibad dauert mit S-Bahn oder Auto ca. 50 Minuten.

Fürstenwalder Damm 838, 12589 Berlin (Rahnsdorf), Tel. 648 77 77. S-Bahn: Friedrichshagen oder Tram 61, Haltestelle: Freibad Müggelsee. Mitte Mai-Anf. Sep tägl. 10-19 Uhr, Eintritt frei.

Strandbad Grünau

Direkt an der Regattastrecke der Dahme liegt dieses traditionsreiche Strandbad mit Sandstrand, Strandkörben und allem, was einen Tag in der Sonne angenehm macht. Die erste offizielle Ruderregatta wurde hier schon 1880 ausgetragen, 1936 war die Regattastrecke Schauplatz der olympischen Ruder- und Kanuwettbewerbe. Heutzutage kann man an Wettkampftagen vom Strandbad aus den Ruderern zuschauen, während die Currywurst vom Imbiss auf dem Pappteller duftet. Schon 1908 badeten hier die ersten Familien – damals ging es natürlich noch nicht ganz so freizügig zu, heute gibt es sogar einen Bereich für Nacktbader. Ein Freiluft-Schach fördert den Denksport, und wer eher die körperliche Fitness im Auge hat, kann Beachvolleyball, Beachfußball, Boccia oder Speedminton (eine Mischung aus Badminton, Tennis und Squash) spielen. Und natürlich schwimmen: In den Monaten Juni, Juli, August geben die

Auch große Wasserratten fühlen sich in Rettungsringen manchmal sicherer

Bademeister auch Schwimmkurse für Kinder und Erwachsene. Das Bad liegt im Südosten Berlins im Bezirk Treptow-Köpenick und ist mit öffentlichen Verkehrsmitteln vom Berliner Zentrum in rund 70 Minuten zu erreichen.

Sportpromenade 5, 12527 Berlin (Grünau), Tel. 674 35 76, S-Bahn: Grünau, dann Tram 68 Richtung Schmöckwitz, Haltestelle: Strandbad Grünau. Mai-Sep Mo-Fr 10-19, Sa, So 9-19 Uhr, Erw. € 4, Kinder € 2.

Strandbad Wannsee

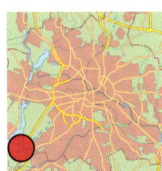

Das größte Binnenseebad Europas ist zwar riesig, jedoch so beliebt, dass es an den Wochenenden auch richtig voll werden kann. Auf 1,2 km Länge zieht sich ein rund 10 m breiter Strand am Wannsee entlang. Das Wasser ist maximal 4,5 m tief und fällt kinderfreundlich flach ab. 200 Strandkörbe, Sand und die Weite der Havel vermitteln das Gefühl, man befände sich an der Ostsee und nicht im Südwesten Berlins. Statt Muscheln zu sammeln, jagen Kinder kleine Fische mit Keschern, die man im Bad kaufen kann. Das Imbissangebot ist vielfältig. Von Pizza bis Pommes ist

> ## Paddeln auf dem Wannsee
> *Lust auf eine Bootstour? Erst fährt man durch den Prinz-Friedrich-Leopold-Kanal, dann auf den großen See hinaus. Nehmen Sie die S-Bahn bis Bahnhof Wannsee, dann weiter mit dem Bus 114. Der Verleih ist an der Bushaltestelle Haus der Wannsee-Konferenz. Am Großen Wannsee 58-60, 14109 Berlin (Wannsee), Tel. 0172-307 72 45, info@berlin-outside.de, www.berlin-outside.de. April-Okt tägl. 9-18 Uhr, 1er-Kajak € 20/halber Tag, € 30/Tag, 2er € 25 bzw. € 40.*

Auch Ausflugsdampfer und Segelboote tummeln sich auf dem Wannsee

Kinderfreundliche Strand- und Freibäder

Fast wie an der Ostsee: Strandkörbe am größten Binnenseebad Europas

alles vorhanden, und das in guter Qualität. Die Preise halten sich im Rahmen. Freiluft-Schach, Basketball und Beachvolleyball sorgen für Fitness, ebenso die 13 Bademeister, die freche Kids gern mal via Megafon zu besserem Benehmen ermuntern. Kurz vor Schluss können die Kinder beim Aufräumen mithelfen und so eine Gratiseintrittskarte „verdienen".

Berlins ältestes Seebad

Auf dem Dach der Umkleide- und Gastronomiegebäude erstreckt sich eine Lounge, in der man mit Blick auf die Havel Cocktails oder Saft trinken und in echten Himmelbetten oder Strandkörben lümmeln kann. Die 500 m langen Gebäude stammen aus dem Jahr 1930, eröffnet wurde das Strandbad jedoch viel früher, nämlich 1907. Es war das erste Seebad Berlins. Ganz in der Nähe befindet sich übrigens die Jugendherberge Wannsee (siehe „Unterkünfte", S. 111) mit preisgünstigen Familienzimmern. Reisen Sie mit öffentlichen Verkehrsmitteln an, haben Sie vom S-Bahnhof Nikolassee einen etwa 1 km langen Fußweg: Folgen Sie einfach den Wegweisern, der Weg führt über die Autobahn Avus in den Grunewald hinein und vorbei an Imbissbuden zum Strandbad. Mit dem Auto nehmen Sie die Avus-Abfahrt Spanische Allee und fahren immer geradeaus. Von Berlin-Mitte aus brauchen Sie mit der S-Bahn ca. eine halbe Stunde, mit dem Auto ca. 45 Minuten.

Wannseebad 5, 14129 Berlin. S-Bahn: Nikolassee. Ostern-Sep Mo-Fr 10-19, Sa, So 8-20 Uhr, Erw. € 4, Kinder € 2,50, Familien (2 Erw., 1 Kind) € 7, jedes weitere Kind € 1,50. Ab 17 Uhr halber Eintritt!

Stadtbad Park Babelsberg

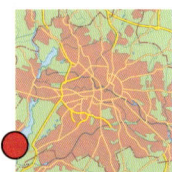

Am Tiefen See am südwestlichen Rand des Schlossparks Babelsberg lässt sich in schönster Umgebung ein ganzer Tag verbringen. Am Sandstrand stehen bunte Strandkörbe, wer keinen mehr ergattert, macht es sich auf der großen Liegewiese bequem und picknickt mit kleinen Snacks und Getränken vom Imbiss. Um die Sicherheit im Wasser müssen Sie sich auch keine Gedanken machen: Rettungsschwimmer sind vor Ort. Wer genug gebadet hat, der kann auf dem Volleyballfeld oder dem Spielplatz die letzten Energien verbrauchen. Der Anblick von **Schloss Babelsberg** regt die Fantasie an. Wie Kaiser Wilhelm I. wohl darin gewohnt hat? Er ließ es 1833 im neugo-

Moby Dick legt ab

Machen Sie doch mal eine Fahrt mit einem Walfisch! Zwischen Potsdam und Wannsee verkehrt während der Sommersaison mehrmals täglich ein Schiff in Walform mit dem Namen „Moby Dick". Im Bauch des Riesen oder im Freien an der Schwanzflosse und auf dem Rücken kann man sitzen und sich gemütlich über den See schippern lassen. Ableger: Potsdam/Cecilienhof oder Wannsee, Fahrplaninfo unter Tel. 536 36 00, info@sternundkreis.de, www.sternundkreis.de. Erw. € 13, Kinder (6-13 J.) € 6,50, unter 6 J. frei.

Auch am Tiefen See kann im Sand gebuddelt werden

Das Schloss und der Schlosspark Babelsberg gehören zum UNESCO-Weltkulturerbe

tisch-englischen Stil errichten. Auch ein Spaziergang im Schlosspark bietet sich nach dem Baden an. Die Wege und Bepflanzungen hat Gartenbaumeister Peter Joseph Lenné entworfen, der im 19. Jh. die Gartenkunst Preußens maßgeblich geprägt hat. Das ganze Ensemble steht unter dem Schutz des UNESCO-Weltkulturerbes. Vom Berliner Stadtzentrum bis zum Strandbad benötigen Sie ca. 1 Stunde.

Tiefer See, 14482 Potsdam, Tel. 0331-661 98 32, S-Bahn: Babelsberg. Mai-Sep tägl. 9-20 Uhr, Erw. € 3, Kinder € 1,50, Familien (2 Erw., 2 Kinder) € 6.
Schloss Babelsberg, *Park Babelsberg 11, 14482 Potsdam, Tel. 0331-969 42 50, besucherzentrum@spsg.de, www.spsg.de. Ostern 10-17, April-Okt Di-So 10-18 Uhr, Erw. € 4, Kinder € 3,50.*

Waldbad Templin

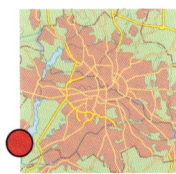

Eines der wenigen Strandbäder, in denen man auch segeln lernen oder ein Paddelboot ausleihen kann, liegt südlich von Potsdam am Templiner See. Sogar Wasserski und Windsurfen werden auf dem Badegelände geboten. Taucher oder solche, die es werden wollen, sind ebenfalls willkommen, die Ausrüstung kann auch vor Ort geliehen werden. Das Wasser selbst ist für Nichtschwimmer angenehm, denn man kann rund 50 m weit in den See hineinspazieren, bevor es richtig tief wird. Bademeister passen auf, dass nichts passiert. Umkleiden und Duschen gehören ebenfalls zum Standard. Wer nicht die ganze Zeit im Wasser sein mag, kann sich die Zeit mit Tischtennis und Volleyball vertreiben oder gegenüber vom Strandbad im **Forsthaus Templin** mit eigener Brauerei zünftig Mittag essen.
Ganz in der Nähe hatte übrigens der Nobelpreisträger Albert Einstein früher sein **Sommerhaus**. Es kann am Wochenende besichtigt werden. Vom Berliner Stadtzentrum benötigen Sie mit dem Auto oder der Bahn ca. 60 Minuten bis zum Strandbad.

Kleine Leichtmatrosin auf dem Templiner See

Waldbad Templin, *Templiner Straße, 14473 Potsdam, Tel. 0331-661 98 20, Bahn: Caputh-Geltow, dann 8 Min. Fußweg. Mai-Sep tägl. 9-20 Uhr. Erw. € 3, Kinder € 1,50, Familien (2 Erw., 2 Kinder) € 6. Anmeldung u. Reservierung für Ausrüstung u. Boote: Tel. 0172-784 18 01. Ruderboot € 3/ Std., Tretboot € 6/Std.; Spaßbanane 10 Min. € 4, ermäßigt € 2,50.*
Einsteinhaus, *Am Waldrand 15-17, 14548 Caputh, Tel. 0331-27 17 80, www.einsteinsommerhaus.de. April-Okt Sa, So 10-18 Uhr, Erw. € 5, Kinder € 2,50.*
Forsthaus Templin, *Templiner Str. 102, 14473 Potsdam, Tel. 033209-21 79 79, www.braumanufaktur.de. April-Okt tägl. 11-22, Nov-März Mo u. Di 11-16, Mi-So 11-22 Uhr.*

ZEHN TOUREN, DIE ALLEN SPASS MACHEN

Tour 1: Sightseeing mit Bus, Bahn und Tram

Gedächtniskirche • Europa-Center • Nordische Botschaften • Siegessäule • Schloss Bellevue • Haus der Kulturen der Welt • Freibad Prinzenstraße • Görlitzer Park • Rummelsburger Bucht • Volkspark Friedrichshain

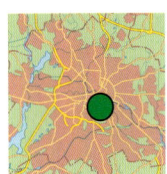

Wo: In der ganzen Stadt – Wie: Mit öffentlichen Verkehrsmitteln und zu Fuß – Dauer: Tagesausflug – Nicht vergessen: BVG-Tickets (siehe S. 104), bei schönem Wetter Badezeug

Das öffentliche Verkehrsmittelnetz in Berlin ist eines der besten der Welt. U- und S-Bahn, Tram und Bus bringen die Besucher selbst in die entlegensten Winkel. Berühmt ist die Buslinie 100, weil sie an allen Sehenswürdigkeiten vorbeiführt – eine günstigere Stadtrundfahrt gibt es nicht. Am Potsdamer Platz erinnert eine Replik an die erste Berliner Ampel von 1924. Damals kreuzten sich an einem der verkehrsreichsten Orte der Welt zwölf Straßen, 26 Tramlinien mussten ihren Weg durch das Verkehrsgewusel finden. Von 1896 bis 1902 wurde die erste U-Bahn-Linie gebaut, auf Stelzen, über die Sie auch heute noch auf dem Weg durch Kreuzberg Richtung Friedrichshain fahren. Pausen zwischendurch sind ausreichend eingeplant: Ihren Kindern können Sie schon mal einen Badestopp, eine Kletterpartie oder eine Paddeltour in Aussicht stellen. Weiter geht es dann mit Ringbahn und Tram zum Volkspark Friedrichshain, dem Paradies für Freizeitsportler.

Unterwegs mit den „großen Gelben"

Auf dem Vorplatz des Bahnhofs Zoologischer Garten fährt alle fünf Minuten die Linie 100 ab. Die „großen Gelben" nennen die Berliner liebevoll ihre Doppeldeckerbusse. Mit Kindern sichert man sich am besten einen Fensterplatz auf dem Oberdeck, direkt über dem Fahrer. Von dort haben Sie einen prima Ausblick. Nach der Abfahrt biegt der Bus links in die Budapester Straße ein, wo nun rechts die **Kaiser-Wilhelm-Gedächtniskirche** zu sehen ist. Mit ihrer Turmruine setzt sie ein mahnendes Zeichen gegen die Zerstörungskraft des Krieges. Sie wurde 1891–95 im Gedenken an Kaiser Wilhelm I. erbaut. Der aus blauen Glassteinen konzipierte Kirchenbau neben dem Turm wurde von Egon Eiermann entworfen und 1958–61 errichtet. Das große Hochhaus dahinter ist das **Europa-Center**. Hier befinden sich zahlreiche Geschäfte sowie eine Therme mit Außenbecken im 6. Stock. Das Wasser dient im Falle eines Brandes als Löschwasserbecken der Feuerwehr [Nürnberger Str. 7, 10787 Berlin (Charlottenburg), Tel. 257 57 60, info@thermen-berlin.de, www.thermen-berlin.de. U-Bahn: Wittenbergplatz, Bus: 100, M29. Mo-Sa 10-24, So 10-21 Uhr, Tageskarte Erw. € 18,80, Kinder € 9,50]. Weiter geht es, vorbei an zahlreichen Hotels, der CDU-Parteizentrale und etlichen Botschaften. Linker Hand befinden sich die **Nordischen Botschaften** sowie die Vertretung von Mexiko. In dem Gemeinschaftsgebäude der Skandinavier, dem sogenannten **Felleshus**, kann man original schwedisch, finnisch oder dänisch essen. Außerdem gibt es dort interessante Ausstellungen mit Werken skandinavischer Designer und Künstler [Rauchstr. 1, 10787 Berlin (Charlottenburg), Tel. 50 50 15 04, catering@nordischebotschaften.org, www.nordischebotschaften.org. Bus 100, Mo-Fr 10-19, Sa, So 11-16 Uhr, Eintritt frei].

Jagdrevier der Könige

Zügig geht es weiter durch den Tiergarten, dem einstigen Jagdrevier der Berliner Könige und Prinzen. Vor dem Bus taucht die 67 m hohe **Siegessäule** auf. Göttin Viktoria auf der Kuppel hat den Spitznamen „Goldelse". Noch vor gar nicht so langer Zeit stand die Säule vor dem Reichstag. Hitler ließ sie an den jetzigen Ort verlegen, um Platz für seine größenwahnsinnigen Baupläne zu schaffen. Die Siegessäule wurde 1864-73 errichtet, um an den Sieg über die Dänen zu erinnern. Hat der Bus den Kreisverkehr und das Denkmal passiert, taucht alsbald auf der linken Seite das **Schloss Bellevue** auf. Hier hat der Bundespräsident seinen Dienstsitz. Weht die Deutschlandfahne auf dem Dach, ist der Präsident anwesend. Nun biegt der Fahrer rechts ab und fährt parallel zur Spree weiter durch den Tiergarten.

Links sieht man nach rund 100 m das **Haus der Kulturen der Welt**, eine ehemalige Kongresshalle, in der heute viele Ausstellungen und Veranstaltungen mit internationalen Künstlern stattfinden [John-Foster-Dulles-Allee 10, 10557 Berlin (Tiergarten), Tel. 39 78 70, info@hkw.de, www.hkw.de. Bus 100. Programm ist im Internet oder telefonisch abrufbar]. Nun kommt das Regierungsviertel in Sicht, links der Reichstag (siehe Tour 4, S. 49), dann nach einer Rechtskurve das Brandenburger Tor (siehe S. 50).

Die erste U-Bahn

Am Reichstag steigen Sie aus und unternehmen einen Spaziergang zum **Potsdamer Platz**. Das Dach des Sony Centers ist schon in Sichtweite. Dort befand sich früher Berlins erste Verkehrsampel, ein 3 m hoher gusseiserner Turm mit einer Uhr und drei nebeneinanderliegenden

Ein „großer Gelber" vor der Gedächtniskirche

Lampen. Eine Replik vor dem S-Bahn-Eingang in der Potsdamer Straße erinnert daran. Steigen Sie hier in die U-Bahn Richtung Ruhleben, und fahren Sie eine Station bis Gleisdreieck. Dort steigen Sie in die U 15 Richtung Warschauer Straße um. Nun fahren Sie auf der ersten U-Bahn-Strecke Berlins, einer Trasse aus Stahlträgern, die nun, nach über hundert Jahren, nach und nach erneuert bzw. restauriert werden. 1902 wurde die Trasse feierlich eingeweiht. Damals war die Empörung groß, da viele Berliner meinten, die Trasse verschandele die Stadt. Doch schon bald kam man auf den Geschmack. 1903 beförderte die U-Bahn bereits 29 Millionen Menschen! Ganz entspannt lassen Sie sich heute durch Kreuzberg chauffieren. Am U-Bahnhof Prinzenstraße befindet sich ein **Freibad**, eines der beliebtesten Berlins, mit zwei 50-m-Bahnen, Planschbecken und schöner Liegewiese. Wie wäre es mit einem erfrischenden Bad? Das Mittagessen darf ausnahmsweise auch mal an der Pommesbude neben den Umkleidekabinen stattfinden [Prinzenstr. 113-119, 10969 Berlin (Kreuzberg), Tel. 616 10 80, U-Bahn: Prinzenstraße. Mai-Sep Mo-Fr 7-19, Sa, So 8-19 Uhr, Erw. € 4, Kinder € 2,50, Familien (2 Erw., 1 Kind) € 7].

Weiter führt die Hochbahn vorbei an hässlicher 70er-Jahre-Bebauung am Kottbusser Tor. Am Görlitzer Bahnhof lohnt dagegen ein Stopp wegen des **Görlitzer Parks**. Hier kann kind auf der großen Wiese toben oder den Kinderbauernhof mit Eseln und Schweinen besuchen [Wiener Str. 59b, 10999 Berlin (Kreuzberg), Tel. 611 74 24. U-Bahn: Görlitzer Park. April-Okt Mo, Di, Do, Fr 10-19, Sa, So 11-18, Nov-März Mo, Di, Do, Fr 10-16, Sa, So 11-17 Uhr, Eintritt frei].

Klettern und paddeln

Bis zur Warschauer Straße sind es jetzt nur noch zwei Stationen. Kurz vor der Endhaltestelle fährt die Hochbahn über Berlins schönste Spreeüberquerung, die 1896 erbaute **Oberbaumbrücke**. Rechter Hand sieht man zwei riesige Menschen im Wasser stehen. Es sind die **Molecule Men**, eine Skulptur des Künstlers Jonathan Borofsky. An der Endhaltestelle wechseln Sie von der Hochbahn zur S-Bahn, der Weg zu den Gleisen ist ausgeschildert. Nun nehmen Sie eine der S-Bahnen Richtung Osten außer der S 9.

Die S-Bahn zischt direkt am Berliner Fernsehturm vorbei

Zehn Touren, die allen Spaß machen

Mount Mitte
Ein neuer Hochseilgarten lässt seit Sommer 2010 Kinder- und Elternherzen höherschlagen: Bis zu 13 m weit nach oben geht es angeseilt über wacklige Holzbrücken, Seilschlaufen und hängende Tonnen. Wer es ganz nach oben schafft, wird nicht nur mit einer tollen Aussicht belohnt, sondern darf in einem Trabi Platz nehmen. Montags ist der Eintritt 2 Euro günstiger. Caroline-Michaelis-Str. 8, 10115 Berlin (Mitte), Tel. 555 77 89 22, www.mountmitte.de. S 1, 2, 25 bis Nordbahnhof. April-Sep tägl. 10-20 Uhr, Erw. € 17-19/2,5 Std., Kinder € 12-14/2,5 Std. (Mindestgröße 1,30 m), Jugendliche € 15-17/2,5 Std.

Nach einer Station sind Sie am Ostkreuz. Dort liegt am Ufer der Spree, an der **Rummelsburger Bucht**, der **Hochseilgarten im Team Venture Sportspark**. Nehmen Sie am S-Bahnhof den Ausgang Markgrafendamm/Hauptstraße, gehen Sie über den Zebrastreifen und weiter links 500 m an der Hauptstraße entlang. Unmittelbar vor der Ampel befindet sich auf der rechten Seite der Eingang zum Hochseilgarten. In 15 m Höhe können Groß und Klein (ab 12 J., mind. 1,50 m groß) nach Voranmeldung klettern üben. Zudem kann man hier Beachvolleyball spielen oder Paddelboote leihen und eine Runde auf der Spree drehen. Im Sommer öffnet auf dem Gelände auch eine kleine Strandbar [Hauptstr. 2, 10317 Berlin (Lichtenberg), Tel. 55 15 13 59, info@teamventure.de, www.teamventure.de. S-Bahn: Ostkreuz. Mai-Anf. Okt; Kajakstation, Beachsport, Beach Lounge: Mo-Fr ab 17, Sa, So ab 11 Uhr; Klettern: jeden 1. So u. 3. Mi im Monat 15-17 bzw. 18-20 Uhr oder nach tel. Anmeldung. Hochseilgarten Erw. € 25, Kinder bis 16 J. € 15, Familien (2 Erw., 2 Kinder) € 70, Bootsmiete € 7-9/Std.]. Wer keine Lust auf Sport hat, sollte wenigstens ein bisschen am idyllisch bewachsenen Ufer entlangspazieren. Schwäne und Enten lassen sich gern füttern.

Skaterbahn und Märchenbrunnen
Haben Sie genug frische Luft getankt, fahren Sie weiter Richtung Nordwesten mit der Ringbahn, die das Stadtzentrum einmal pro Stunde umrundet, am Wochenende auch mit **Panoramazügen**

Sportlich genießen
*Im Café-Restaurant **Die Turnhalle** in der Nähe des S-Bahnhofs Ostkreuz kann man gemütlich in Clubsesseln versinken oder auf echten Springböcken am Tresen sitzen! Im Sommer lockt draußen ein Biergarten. Die Sporthalle gehörte ehemals zu einer Schule, die wegen Kindermangel geschlossen wurde. Holteistr. 6-9, 10245 Berlin (Friedrichshain), info@dieturnhalle.de, www.dieturnhalle.de. S-Bahn: Ostkreuz. Tägl. 10-2 Uhr.*

(siehe Kasten rechts). Dafür geht's zurück zum S-Bahnhof Ostkreuz, wo Sie in die S42 steigen. Ein Uhrzeiger-Zeichen zeigt an, in welche Richtung die Bahn fährt. Steigen Sie in einen Zug, der gegen den Uhrzeigersinn fährt. Nach zwei Stationen steigen Sie an der Landsberger Allee um in die Tramlinie 5, 6 oder 8 Richtung Innenstadt. Vier Stationen später, am Platz der Vereinten Nationen, befindet sich der **Volkspark Friedrichshain**. Im Westteil gibt es eine Skaterbahn, im Norden viele Beachvolleyballfelder, im Süden jede Menge Spielplätze und das **Café Schönbrunn**, ein beliebtes Parkcafé mit großem Biergarten [Am Schwanenteich im Volkspark Friedrichshain 1, 10249 Berlin (Friedrichshain), Tel. 42 02 81 91. Tram 5, 6, 8, Haltestelle: Platz der Vereinten Nationen. Mo-Fr 16-1, Sa, So 12-1 Uhr]. Schön restauriert ist der Märchenbrunnen im Süden mit grimmschen Märchenfiguren und Tierfiguren, die Wasser speien. Der Friedrichshain ist der erste öffentliche Park Berlins und wurde 1848 eingeweiht. Bis dahin gab es kaum allgemein zugängliche Grünflächen in der Stadt. Der Adel hatte seine Privatparks und der Rest keine Zeit, sich an der frischen Luft zu erholen. Das ist heute zum Glück anders. Alle Straßenbahnen bis auf die M 8 fahren vom Park entweder zum Alexanderplatz oder zum Hackeschen Markt. Von dort können Sie mit der S- oder U-Bahn zurück in Ihr Quartier fahren.

> **Panorama-S-Bahn**
> *Auf keinen Fall den Fotoapparat vergessen! Denn die Fahrt mit der voll verglasten S-Bahn ermöglicht einen gigantischen Blick auf die Häuser und Straßen Berlins. Jeden Samstag und Sonntag (ab Sommer 2011) sowie an einigen Wochentagen startet die Speziallinie am Ostbahnhof zu drei Stadtrundfahrten durchs neue und alte Berlin. Entweder fahren Sie auf dem Stadtring einmal im Kreis oder direkt durch die Innenstadt. Erhältlich sind die Fahrkarten im S-Bahn-Onlineshop und in allen S-Bahn-Verkaufsstellen. Fahrplanauskunft Tel. 29 74 33 33, www.s-bahn-berlin.de. Erw. € 16, Kinder (4-13 J.) € 9,50.*

Ein neobarockes Kunstwerk: der Märchenbrunnen im Friedrichshain

Tour 2: Berlin von seiner süßen Seite

Gendarmenmarkt • Monbijoupark • Heckmann Höfe • Hackesche Höfe

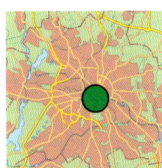

Wo: Durch die Berliner Mitte – Wie: zu Fuß – Dauer: Halbtagesausflug – Nicht vergessen: Stadtplan, an heißen Tagen Getränke und Badezeug, hinterher Zähne putzen.

Berlin ist ein Paradies für Naschkatzen! Hier finden Sie ein riesiges Schokokaufhaus, jede Menge Süßwarenläden, eine Bonbonmacherei sowie Weingummi und Nudeln in Form von Ampelmännchen: Diese Tour ist sicher ganz nach dem Geschmack Ihrer Kinder und eignet sich prima, um auf Vorrat ein paar Spezialitäten einzusammeln, denn die anzusteuernden Geschäfte suchen weltweit ihresgleichen. Damit alle auf ihre Kosten kommen, ist der süße Stadtbummel garniert mit allerlei Geschichtlichem.

Junge Stadtbummler im BikeTaxi

Im Schokorausch

Der **Gendarmenmarkt** ist nicht nur der schönste Platz der Stadt, hier befindet sich auch das Geschäft des Edel-Chocolatiers **Fassbender & Rausch** [Charlottenstr. 60, 10117 Berlin (Mitte), Tel. 20 45 84 43, info@fassbender-rausch.de, www.fassbender-rausch.de. U-Bahn: Stadtmitte. Mo-Sa 10-20, So 11-20 Uhr], dem nach eigenen Angaben weltgrößten Schokoladenkaufhaus. Schon der Blick durch die Schaufenster des Ladens lässt Schokoholic-Herzen höherschlagen: das

BikeTaxi

Keine Lust zu laufen? Dann schnappen Sie sich doch ein Velotaxi. Vom Gendarmenmarkt bis zu den Heckmann Höfen schaffen es die durchtrainierten Fahrer in rund zehn Minuten. Die bunten Fahrradtaxis stehen von Ostern bis Anfang Oktober am Gendarmenmarkt und Unter den Linden/Ecke Friedrichstraße. Der Fahrpreis beträgt € 2 pro Kilometer und Person, jeder weitere Kilometer € 1. Eine individuelle Rundfahrt bekommen Sie für € 18 pro Person je halbe Stunde. BikeTaxi, Saarbrücker Str. 24, 10405 Berlin, Veloruf: Tel. 93 95 83 46, info@biketaxi.de, www.biketaxi.de.

Beeindruckendes Farbschauspiel: der Französische Dom bei Nacht

Brandenburger Tor und der Reichstag in cremigen Kakaotönen – zum Aufessen schön. Drinnen verlocken in einer 4 m langen Tresenvitrine rund 170 edle Pralinensorten. Aus einem Vulkan fließt ohne Unterlass glänzende, flüssige Schokolade. Wer da Appetit bekommt, nimmt den Fahrstuhl in den ersten Stock zum Schokoladencafé und -restaurant (ab 11 Uhr). Dort sollte man heiße Schokolade trinken, die schmeckt hier besonders gut. Lecker sind auch die Spezialitäten aus den Ländern, in denen Kakao angebaut wird, zum Beispiel Erdnusscreme-Suppe, verfeinert mit Tembadoro-Plantagenschokolade, oder Lamm mit Schokokruste. Doch fürs Mittagessen ist es vielleicht etwas früh, und Sie beschränken sich darauf, im Laden ein paar geeignete Souvenirs auszuwählen.

Französische Berliner

Wieder an der frischen Luft, steuern Sie die Mitte des Gendarmenmarktes an und schauen sich einmal um. Sein Name erinnert an die Stallungen des Kürassierregiments der „Gens d'armes", die der Soldatenkönig Friedrich Wilhelm I. 1736 hier errichten und die sein Sohn 37 Jahre später wieder abreißen ließ. Nördlich des Platzes erhebt sich der **Französische Dom**. Er wurde vor rund 200 Jahren für die 8.000 aus Frankreich emigrierten Hugenotten errichtet. Sie waren Protestanten und durften in ihrer katholischen Heimat ihren Glauben nicht ausüben. Der preußische Kurfürst Friedrich Wilhelm war in Religionsfragen tolerant, weshalb er nichts gegen die oft handwerklich begabten und gut ausgebildeten Zuzügler hatte. Ein kleines **Museum** im Dom informiert über die Geschichte der französischen Vorfahren vieler Berliner [Gendarmenmarkt, 10117 Berlin (Mitte), Tel. 229 17 60, ffk-oeffentlichkeitsarbeit @t-online.de, www.franzoesischer-dom.de. U-Bahn: Stadtmitte. Di-Sa 12-17, So 11-17 Uhr, Erw. € 2, Kinder € 0,50, Familien € 3,50].

Der gleichaltrige **Deutsche Dom** auf der Südseite des Gendarmenmarktes wurde einst für die lutherische Gemeinde der Friedrichstadt errichtet. Heute befindet sich dort eine Ausstellung zur deutschen Geschichte mit interessantem Filmprogramm (14 Uhr) [Gendarmenmarkt 1, 10117 Berlin (Mitte), Tel. 22 73 04 31. U-Bahn: Stadtmitte. Okt-April Di-So 10-18, Mai-Sept Di-So 10-19 Uhr, Eintritt frei]. Schmuckstück zwischen den beiden Kirchen ist das 1821 erbaute Schauspielhaus, das heute **Konzerthaus Berlin** genannt wird. Hier finden an den Wochenenden häufig Konzerte und Musikworkshops für Kinder und Jugendliche statt [Gendarmenmarkt, 10117 Berlin (Mitte), Tickets u. Programminfo: Tel.

Zehn Touren, die allen Spaß machen

203 09 23 43, kontakt@konzerthaus.de, www.konzerthaus.de. U-Bahn: Stadtmitte. Erw. ab € 12, Kinder ab € 5].

Nachwuchsstars

Folgen Sie nun der Markgrafenstraße am östlichen Rand des Gendarmenmarktes bis zum Bebelplatz. Dort, auf der anderen Seite des Platzes, befindet sich die 1742 eröffnete Staatsoper Unter den Linden, bei deren Aufführungen regelmäßig Kinder mitspielen und -singen. Sie bekommen natürlich ein Honorar und verdienen sich so etwas dazu. Die Oper wird bis 2013 renoviert. Auch im rund 110 Jahre alten Berliner Dom schräg gegenüber der Oper singen regelmäßig Kinder bei Aufführungen des Berliner Domchors mit. Vorbei an der Museumsinsel (siehe Tour 6, S. 59-63) führt der Weg entlang der Spree bis zum **Monbijoupark**, dem Kronprinzessin Sophie Dorothea 1712 seinen Namen gab. Das hübsche Schlösschen, das sich hier einst befand, wurde leider im letzten Krieg zerstört. Dafür lockt ein **Kinderfreibad**, in dem Kinder bis 15 Jahre im Sommer herrlich planschen können (siehe auch S. 18).

In der Zuckerbäckerei

Nun ist es nicht mehr weit zu den **Heckmann Höfen**, wo im Souterrain Berlins beste **Bonbonmacherei** liegt. Folgen Sie der Monbijoustraße am Westrand des Parks bis zur Oranienburger Straße. Dort links abbiegen, an der nächsten Ampel rechts über die Straße, dann wieder rechts und in den ersten Hof hinein. Wenn Bonbonmacher Hjalmar Stecher die heiße Bonbonmasse auf den Tisch kippt, ähnelt sie einem großen dampfenden Teigklumpen. Bevor sie völlig erkaltet, muss Stecher die Masse schnell in Form bringen, und dabei kann man ihm mehrmals am Tag zusehen. Am Ende entstehen Gaumenschmeichler, die je nach Zutaten Berliner Maiblätter, Saure Limette oder Bosnische Pflaume heißen. Natürlich kann man hier auch einkaufen, doch allzu lange aufheben sollte man die Bonbons nicht, sie schmecken am besten frisch [Oranienburger Str. 32, 10117 Berlin (Mitte), Tel. 44 05 52 43. S-Bahn: Oranienburger Straße, info@bonbonmacherei.de, www.bonbonmacherei.de. Mi-Sa 12-20 Uhr, Sommerpause Juli u. Aug].

Danach passieren Sie die **Neue Synagoge** (eingeweiht 1866), die einst mit 3.200 Plätzen Berlins größtes jüdisches Gotteshaus war und im letzten Krieg fast voll-

---

Fresh Eatery

Wer viel Süßes nascht, sollte zur Abwechslung auch mal Obst und Gemüse essen. Die leckeren Suppen und Smoothies bei Fresh Eatery schmecken auch Kindern. Im Schnellrestaurant wird nur mit natürlichen Zutaten und ohne Aroma-, Farb- und Konservierungsstoffe gekocht. Die Rezepte für die leckeren Gerichte stammen aus verschiedenen ostasiatischen Küchen. Achtung: Selbstbedienung. Augustsr. 58, 10119 Berlin (Mitte), Tel. 22 19 80 45, kontakt@fresh-eatery.de, www.fresh-eatery.de. U-Bahn: Weinmeisterstraße. Tägl. 11.30-21 Uhr.

ständig zerstört wurde. Gleich nebenan befindet sich eine der besten Keksbäckereien der Stadt, die **Hofbäckerin**. Zahlreiche Unternehmen ordern hier Kekse für ihre Konferenztische, aber auch Privatleute sind willkommen. Wichtig für Hofbäckerin Beate Westphal sind ein natürlicher Geschmack und wenig Zucker. Das Resultat kann sich sehen lassen [Oranienburger Str. 27, 10117 Berlin (Mitte), Tel. 440 98 00, kontakt@keksbank.de, www.keksbank.de. S-Bahn: Oranienburger Straße. Mi-Sa 15-18 Uhr].

Die leuchtende Synagoge

Rund 500 m von der Hofbäckerei entfernt wartet schon die letzte Station auf die Stadtbummler, der Ampelmannshop in den Hackeschen Höfen mit Tausenden Ampelmännchen aus Weingummi.

Dorthin sollte man nicht unbedingt den kürzesten Weg wählen, sondern vorher links in die Krausnickstraße einbiegen. Nach wenigen Metern befindet sich linker Hand die Toreinfahrt zum St. Hedwig-Krankenhaus. Gehen Sie mal durch und dann wieder zurück. Eine Lichtinstallation verfolgt Ihre Bewegungen und stellt sie auf der Wandtafel als Leuchtpunkte dar. Aber Vorsicht: Hier fahren auch Autos, also auf den Verkehr achten. Wer Lust hat, biegt auf dem Parkplatz hinter dem Krankenhaus links ab und stellt sich auf die Zehenspitzen oder auf einen alten Eimer, der dort normalerweise als Hocker dient. Nun haben Sie einen prima Blick auf die Rückseite der erwähnten Neuen Synagoge. Heute befindet sich eine Brache, wo einst der riesige Andachtsraum war. Eine

In der Bonbonmacherei werden die süßen Verführer in Form gebracht

Hüpfen und skaten

Viel Platz zum Toben bietet der **Spielplatz in der Gipsstraße** nahe dem St. Hedwig-Krankenhaus. Auf Trampolinen, Kletterfelsen, Rutsche vergnügen sich die Kleinen, auf der Halfpipe die Größeren. Eltern können es sich in den umliegenden Cafés gemütlich machen und von dort aus zuschauen. Die große Wiese lädt auch zum Ballspielen ein. Gipsstraße/Auguststraße (Mitte). U-Bahn: Weinmeisterstraße.

Installation aus leuchterartigen Stäben erinnert an den früheren Altar.

Paradies für Shopping-Fans

Schlendern Sie über das Krankenhausgelände vor bis zur Großen Hamburger Straße. Dort links abbiegen und dann wieder rechts in die Sophienstraße. In der hübschen Handwerkergasse werden u. a. Schuhe nach Maß angefertigt. Im Laden mit Holzschnitzereien aus dem Erzgebirge am östlichen Ende rechts geraten nicht nur Kinder in Verzückung angesichts liebevoll gefertigter Engel und Pfeifenmännchen. Von der Sophienstraße führt eine Torduchfahrt in die **Hackeschen Höfe**, dem größten Hofensemble Berlins aus dem Jahre 1906. Wohnen und Arbeiten findet hier in nächster Nähe statt, zahlreiche Modedesigner haben hier ihre Läden. Der **Ampelmann Shop** befindet sich in Hof 5 (siehe auch S. 113). Neben Ampelmann-Weingummi gibt es Taschen, Handtücher, Lampen und vieles mehr in Männchenform. Weingummi wird zum Probieren kostenlos gereicht [Rosenthaler Str. 40-41, Hackesche Höfe V, 10178 Berlin (Mitte), Tel. 44 04 88 09, info@ampelmann.de, www.ampelmann.de. U-Bahn: Weinmeisterstraße, S-Bahn: Hackescher Markt. Mo-Sa 10-22 (im Winter bis 20 Uhr), So 11-19 Uhr].

Wer jetzt Lust auf etwas Deftiges bekommt, sollte das **Ampelmann Restaurant** am Hackeschen Markt besuchen. Einfach dem Weg durch die Hackeschen Höfe bis zum östlichen Ausgang folgen, an der Ampel die Straße überqueren, über den Platz marschieren und unter den S-Bahn-Bögen durch. Rechts liegt das Restaurant. Dort gibt es Pasta in Ampelmännchenform und natürlich Pizza rot-grün (mit Rucola und Tomaten). Tipp: Sonntags zur Brunchzeit (10-14 Uhr) dürfen Kinder in der Ampelmann-Küche selber Pizza backen! Und die Kleinen unter sieben Jahren essen beim Brunch gratis [am Monbijou-Park, 10178 Berlin (Mitte), Tel. 84 71 07 09, www.ampelmann-restaurant.de. S-Bahn: Hackescher Markt. Tägl 12-24 Uhr].

Einkaufen beim Ampelmann

Tour 3: Auf den Spuren der Berliner Bären

Bärenzwinger • Märkisches Museum • Naturkundemuseum • Hauptbahnhof • Zoologischer Garten

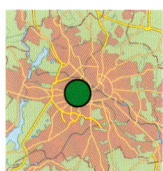

Wo: In Mitte und Charlottenburg – *Wie:* Zu Fuß und mit öffentlichen Verkehrsmitteln – *Dauer:* Tagesausflug – *Nicht vergessen:* Stadtplan

> ### Berliner Küche
> *Im ältesten Restaurant Berlins,* **Zur letzten Instanz,** *zwischen Bärenzwinger und Alexanderplatz gibt es original Berliner Küche in einer urigen Gaststube. Die Gerichte haben witzige Namen wie „Beleidigungsklage" – Aal mit Bratkartoffeln und Spreewaldgurken – oder „Verhandlungspause" – Buletten mit Kartoffelsalat. Waisenstr. 14-16, 10179 Berlin (Mitte), Tel. 242 55 28, post@zurletzteninstanz.de, www.zurletzteninstanz.de. U-Bahn: Klosterstraße. Mo-Sa 12-1 Uhr.*

Wohl nirgends sonst auf der Welt bekommen Bären solch eine Aufmerksamkeit wie in Berlin. Man begegnet ihnen in der Stadt quasi auf Schritt und Tritt. Als Wahrzeichen der Stadt ziert ein schwarzer Petz sogar die Stadtfahne, und zu Ehren des Berliner Wappentiers steht in Mitte ein Zwinger mit zwei Braunbären. Mit Eisbär Knut wurde Berlin 2006 so richtig als Bärenstadt bekannt – ein Besuch im Zoo ist für Gästekinder fast schon ein Muss. Begeben Sie sich also auf die „Pirsch", und verfolgen Sie die Spuren der Bären durch die Stadt. Für Abwechslung auf der Tour sorgen Museen, der imposante Hauptbahnhof und – jede Menge andere Tiere.

Der Bärenzwinger
Ein idealer Ausgangspunkt für die Bärentour ist der **Bärenzwinger** im Köllnischen Park in Mitte. Dort bewohnen zwei Bären ein Backsteinhäuschen mit Auslauf und strecken den Besuchern gern den Hintern entgegen. Die Zottel fressen Weihnachtsbäume, Orangen und vieles andere, was die ehrenamtlichen Pfleger anbieten oder im Gehege verstecken, damit die Bären sich nicht langweilen. Füttern ist streng verboten, schließlich sollen Schnute und ihre Tochter Maxi noch lange leben. Futterspenden können bei der Bärenbetreuerin abgegeben werden! Einfach an der Tür auf der Südseite klingeln [Am Köllnischen Park, 10179 Berlin (Mitte), Tel. 564 84 67, www.berliner-baerenfreunde.de. U-/S-Bahn: Jannowitzbrücke. Rund um die Uhr frei zugänglich].
Auch wenn davon nicht mehr viel zu sehen ist, aber hier im Köllnischen Park liegt die Wiege der Stadt. Am 28. Okto-

ber 1237 wurde Cölln, die Schwesterstadt Berlins, erstmals urkundlich erwähnt, und bereits am 22. März 1280 verwendeten die Cöllner ein Siegel mit Bärenkonterfei. Daher bekommen Schnute und Maxi an diesem Tag immer eine Bonusration Futter. Am 28. Oktober wird Stadtgeburtstag gefeiert, dann kommen Politiker, und die Bären erhalten eine Extraportion Obst. Danach gehen sie in den Winterschlaf. Erst im März, wenn die ersten Krokusse ihre Köpfe aus den umliegenden Beeten strecken, sind die Pelztiere wieder zu sehen.

Abstecher in die Geschichte

Wer sich nicht nur für Bären, sondern auch für die Geschichte Berlins interessiert, sollte das gegenüber vom Bärenzwinger gelegene **Märkische Museum** besuchen. Dort wird die Entwicklung der Stadt von den prähistorischen Siedlungsspuren bis zum Beginn des 20. Jh. erklärt. Das Museum mit seinen roten Backsteingiebeln sieht aus wie eine uralte neugotische Kirche, ist aber erst 100 Jahre alt. Bereits vor dem Museum wartet die erste Attraktion: Hier stehen sieben Original-Mauerstücke, und über eine Hörstation kann man Reden von Politikern zu Mauerbau und -fall hören. Für Kinder interessant ist die Sammlung in Berlin hergestellter Musikinstrumente: Die Flötenuhr aus der Werkstatt Johann Wilhelm Lieders von 1810 klingt wie ein kleines Orgelwerk und wird über eine hölzerne Stiftwalze gesteuert [Am Köllnischen Park 5, 10179 Berlin (Mitte), Tel. 30 86 62 15, info@museumsdienste.de, www.stadtmuseum.de. U-/S-Bahn: Jannowitzbrücke. Di, Do, So 10-18, Mi 12-20, Fr, Sa 14-22 Uhr, Erw. € 5, Kinder bis 18 J. Eintritt frei, Gruppen ab 3 Pers. je € 3, jeden 1. Mi im Monat frei].

Das Wappentier der Stadt ist überall präsent

Museum der Superlative

Rund ums Jahr können Sie Bären im **Naturkundemuseum** betrachten. Mit über 30 Millionen Objekten – Tiere, Versteinerungen und Dinosauriern! – und einem öffentlichen Museum mit 6.500 qm Ausstellungsfläche ist es das größte deutsche Naturkundemuseum und eines der fünf größten weltweit. Vom Bärenzwinger erreichen Sie das 2007 neu gestaltete Museum am besten mit der S-Bahn. Steigen Sie am S-Bahnhof Jannowitzbrücke, der schräg gegenüber vom Märkischen Museum am anderen Spreeufer liegt, ein und fahren Sie Richtung Westen (alle Linien). Am Bahnhof Friedrichstraße nehmen Sie die U6 Richtung Tegel. Nach zwei Stationen sind Sie am U-Bahnhof Naturkundemuseum. Steigen Sie entgegen der Fahrtrichtung aus, und biegen Sie rechts ab in die Invalidenstraße. Nach ca. 50 m ragt auf der rechten Seite der mächtige Bau empor. Highlight ist das Skelett des Brachiosaurus brancai mit einer Länge von 23 m und einer Höhe von 12 m. Er thront im Lichthof des Museums, umgeben von Artgenossen.

> ### Schule anno dazumal
> *Wie sah wohl ein Berliner Klassenzimmer vor hundert Jahren aus? Das erfährt man nur ein paar Schritte vom Märkischen Museum entfernt in der **Sammlung Kindheit und Jugend des Stadtmuseums Berlin**. In einer ehemaligen Plattenbau-Schule können Kinder an alten Schulpulten Platz nehmen und u. a. lernen, mit Gänsekiel zu schreiben. Wallstr. 32, 10179 Berlin (Mitte), Tel. 275 03 83, www.berlin-kindheitundjugend.de. U-Bahn: Märkisches Museum. Mo-Fr 9-17 Uhr, Erw. € 2, Kinder haben freien Eintritt.*

Ausgestopfte Bären

Die Sammlung mit ausgestopften Tieren befindet sich im Westtrakt mit beeindruckenden Dioramen, das sind mehrere Meter hohe und breite, künstlich gestaltete Tierwelten hinter Glas. Dort kann man auch eine Braunbärenfamilie bei ihrer Wanderung durch die Berge „beob-

In Pose gesetzt: der Brachiosaurus brancai im Naturkundemuseum

achten". Aber wie schaffen es Tierpräparatoren eigentlich, die toten Tiere so lebensecht zu gestalten? Im Nachbarsaal werden die Methoden erklärt. Ähnlich wie im Zoo hat jede Tierart ihre eigene Abteilung, und so kann man stundenlang Tiere aus nächster Nähe anschauen, die zwar schon lange nicht mehr leben, aber dafür sind Fell, Zähne oder Schnäbel ganz genau zu sehen. Wer Lust am Forschen bekommen hat, sollte einmal eine Veranstaltung des Humboldt-Exploratoriums besuchen. Diese Abteilung des Museums kümmert sich um wissbegierige Kinder und bringt ihnen das Mikroskopieren oder die Kunst des Ausgrabens bei. Meist nehmen vor allem Schulklassen das Angebot wahr, aber es finden auch immer mal wieder Veranstaltungen für offene Gruppen statt [Invalidenstr. 43, 10115 Berlin (Mitte), Tel. 20 93 85 91, info@museum.hu-berlin.de, www.naturkundemuseum-berlin.de, Exploratorium: Tel. 20 93 85 50, info@humboldt-exploratorium.de, www.humboldt-exploratorium.de, U-Bahn: Naturkundemuseum. Di-Fr 9.30-18, Sa, So 10-18 Uhr, Erw. € 6, Kinder € 3,50, Familien € 11].

Mit dem Bus zum Bahnhof

Wollen Ihre Kinder nun zur Abwechslung mal wieder lebendige Tiere sehen? Dann auf in den Zoo! Am meisten Spaß macht das mit einer Fahrt im Doppeldecker (Linie 245 Richtung Zoologischer Garten), die Bushaltestelle befindet sich direkt vor dem Haupteingang des Naturkundemuseums. Vorbei geht es am Hamburger Bahnhof, wie das Museum für moderne Kunst mit der Sammlung Marx heißt. Rechter Hand taucht bald der größte **Hauptbahnhof** Europas auf, ein imposantes Gebäude aus Glas und Stahl, das 2006 eröffnet wurde. Steigen Sie hier aus, und machen Sie einen kleinen Bummel durch die verschiedenen Etagen mit zahlreichen Läden, Fast-Food-Restaurants und natürlich – den Gleisen. Vielleicht entdecken Sie auch einen der zahlreich in der Stadt verteilten **Buddy Bears**. Das sind etwa 1,80 m große Bären, die, von Künstlern gestaltet, für wohltätige Zwecke verkauft werden. Mittlerweile gibt es rund um den Globus Ausstellungen mit den immer wieder anders gestalteten Bären.
Vom ersten Stock des Bahnhofs haben Sie einen schönen Blick auf das Regierungsviertel. Vis-à-vis sehen Sie das Kanzleramt, links davon das Paul-Löbe-Haus, wo sich zahlreiche Abgeordnetenbüros und Tagungsräume befinden. Auch den Reichstag kann man sehen.

Alle Wege führen zum Zoo

Nach einer kleinen Stärkung in einem der Imbissrestaurants steigen Sie einfach im Obergeschoss in die nächste

---

Teddyparadies

*Wer Bären gern auch mal anfassen möchte, ist in der **Steiff-Galerie** am Ku'damm richtig. Die Vielfalt an Teddys jeder Größe ist atemberaubend. Die Preise sind es aber leider auch. Kurfürstendamm 220, 10719 Berlin (Charlottenburg), Tel. 88 62 51 58, berlin@steiff-galerie.de, www.steiff.de. U-Bahn: Kurfürstendamm. Mo-Fr 10-20, Sa 10-20 Uhr.*

Zehn Touren, die allen Spaß machen

Eisbärjunge Knut, der Star im Zoologischen Garten

S-Bahn Richtung Westen. Alle Linien führen zum Bahnhof Zoologischer Garten. Von dort ist es nur ein Katzensprung zum **Zoologischen Garten** (siehe auch Kapitel „Attraktionen", S. 88). Gleich am Eingang erwarten Sie die mächtigen Elefanten aus Asien und Afrika, links führt der Weg vorbei am Pool-Bau der Flusspferde in Richtung Bärengehege. Monatelang war Eisbärbaby Knut der Star von Europas artenreichstem Zoo, nun hat sich der Rummel um das kuschelige Raubtier gelegt, und auch die anderen Bären kommen wieder zum Zug. Viel los ist mit den Grizzlys allerdings nicht, meistens laufen sie nervös hin und her. Um 14 Uhr ist Essenszeit, dann kommt auch bei ihnen Stimmung auf. Wer die Eisbären beim Futtern beobachten möchte, sollte am Vormittag den Zoo besuchen, sie werden um 10.30 Uhr gefüttert. Wenn sich eins der tonnenschweren Tiere nach dem Mahl zum Schwimmen ins Wasser fallen lässt, spritzt es schon mal die Besucher nass. Im Auffangen der Fische, die ihnen die Wärter zuwerfen, sind die weißen Riesen wahre Meister.

Bevor es danach wieder zur S- oder U-Bahn geht, sollte sich der Nachwuchs auf dem riesigen Zoospielplatz (siehe auch Kasten S. 89) einmal so richtig austoben. Auf den liebevoll gestalteten Klettergerüsten wird geschaukelt und geturnt, und die Eltern schauen zu – fast so wie im Affenhaus [Hardenbergplatz 8, 10787 Berlin (Charlottenburg), Tel. 540 10, info@zoo-berlin.de, www.zoo-berlin.de. U-/S-Bahn Zoologischer Garten. Ende März-Mitte Okt 9-18.30, Mitte Okt-Ende März 9-17 Uhr, Erw. € 12, Kinder (5-15 J.) € 6, ab 16 J. € 9; Familien (1 Erw., 3 Kinder) € 20, Familien (2 Erw., 3 Kinder) € 32].

Tour 4: Über den Dächern Berlins

Reichstag • Brandenburger Tor • Holocaust-Denkmal • Kollhoff-Tower • Technikmuseum • Fernsehturm

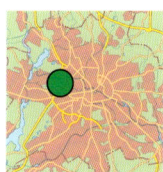

Wo: In Tiergarten, Mitte und Kreuzberg – Wie: Zu Fuß und mit öffentlichen Verkehrsmitteln – Dauer: Tagesausflug – Nicht vergessen: Stadtplan, Fernglas, Getränke

Nein, heute steht nicht etwa ein Rundflug über Berlin auf dem Programm. Von den zahlreichen Aussichtsplattformen lässt sich die Stadt ebenso gut aus der Vogelperspektive betrachten. Nicht nur die Reichstagskuppel sorgt für einen prima Rundumblick, auch das Kollhoff-Gebäude am Potsdamer Platz sowie der berühmte Fernsehturm machen es leicht, sich einen Überblick zu verschaffen. Wie wäre es mit einem kleinen Wettstreit: Wer sieht das Rote Rathaus als Erster? Zwischendurch bleiben Sie immer mal wieder am Boden, schauen sich etwa die Flugzeuge im Technikmuseum an und erfahren alles über die Zeit der Berlin-Blockade, als die Stadt aus der Luft versorgt wurde.

Politikern aufs Dach steigen

Starten Sie die heutige Tour am besten am **Reichstag**, errichtet 1884-94 nach Plänen von Paul Wallot [Platz der Republik, 11011 Berlin (Tiergarten), Besucherdienst-Tel. 22 73 21 52, www.bundestag.de. U-Bahn: Bundestag, Bus: 100. Tägl. 8-24, letzter Einlass 22 Uhr, Eintritt frei; auf die Kuppel ohne Wartezeit (durch den Seiteneingang rechts): Behinderte mit Ausweis, alte oder gebrechliche Menschen, Eltern mit Kinderwagen sowie Gäste, die bei „Käfer" reserviert haben]. Erstens, weil der Besuch der begehbaren, von Sir Norman Foster entworfenen Kuppel am Morgen noch nicht mit langen Wartezeiten verbunden ist, und zweitens, weil man im Dachgartenrestaurant **Käfer** auf der Reichstagsterrasse mit herrlicher Aussicht frühstücken kann [Platz der Republik, 11011 Berlin (Tiergarten), Tel. 22 62 99 33, kaeferreservierung.berlin@feinkost-kaefer.de, www.feinkost-kaefer.de. S-Bahn: Hauptbahnhof, Bus: 100. Tägl. 9-16.30 u. 18.30-24 Uhr]. Hat man nämlich dort reserviert, muss man sich nicht zu den Wartenden vor dem Reichstag gesellen, sondern darf durch den Eingang rechts unterhalb des Westportals das Gebäude betreten. Ebenfalls nicht lange warten muss, wer die Kuppel im Rahmen der

Das Dachgartenrestaurant „Käfer" hoch oben auf dem Reichstag

Führung „Reichstag und neue Bundesbauten mit Plenarsaal und Kuppel" von den **Stadtflüsterern** besichtigt [Anmeldung: Tel. 0177-513 40 03 u. 0176-10 00 55 41, info@stadtfluesterer.de, www.stadtfluesterer.de. Treffpunkt am Brandenburger Tor, 2,5 Std., Erw. € 10, Kinder (8-12. J.) € 7]. Nach intensiver Kontrolle fahren die Besucher mit dem Fahrstuhl zur Dachterrasse, in deren Mitte sich die Kuppel wie eine Käseglocke wölbt. Darunter tagt der Deutsche Bundestag.

In die Kuppel

Von der Dachterrasse aus lässt der Blick in einen der Höfe des Reichstags staunen, denn dort befindet sich eine Installation des Künstlers Hans Haake: „Der Bevölkerung" steht in Neonbuchstaben über wild wuchernden Pflanzen. Alle jeweils gewählten Bundestagsabgeordneten schütten dort Erde aus ihrem Wahlkreis aus. Mittels einer im Hof installierten Webcam (www.derbevoelkerung.de) können die Abgeordneten und ihre Wähler verfolgen, was auf diesem Erdreich wächst und gedeiht. Danach geht's endlich hinein in die 23 m hohe und 40 m breite gläserne Kuppel. Wie eine Spirale windet sich der Weg im Kreis nach oben. Für beide Richtungen gibt es getrennte Pfade, sodass man denen, die wieder nach unten wollen, nicht ins Gehege kommt. Setzen Sie sich oben auf die Rundbank, und genießen Sie den Blick in alle Himmelsrichtungen. Übrigens: Wer den Reichstag von innen besichtigen möchte, sollte eine kostenlose **Familienführung**, jeweils Samstag (10, 12.30, 14.30 Uhr) und Sonntag (10, 12.30 Uhr), buchen. Aufgrund des großen Interesses empfiehlt sich eine frühzeitige Anmeldung [Deutscher Bundestag, Besucherdienst, Platz der Republik 1, 11011 Berlin, Anmeldung per Fax 22 73 00 27 oder E-Mail besucherdienst@bundestag.de; alle Führungen unter www.bundestag.de/besuche].

Spaziergang zum Potsdamer Platz

Von der Kuppel aus haben Sie sicher den Potsdamer Platz gesehen, das zeltähnliche Dach des Sony Centers ist gewissermaßen das Symbol des neuen Berlin. Zu Fuß gelangen Sie bequem in einer Viertelstunde dorthin. Wer zwischendurch Lust auf eine ökologisch korrekte, leckere Currywurst bekommt, macht einen Zwischenstopp beim „Imbiss am Reichstag" (siehe Kasten S. 16). Bald passieren Sie das berühmte **Brandenburger Tor** mit dem Streitwagen, der Quadriga,

---

Archenhold-Sternwarte

Das 21 m lange und damit längste Linsenfernrohr der Welt ermöglicht jeden zweiten Freitag im Monat um 20 Uhr einen beeindruckenden Blick auf Mond und Sterne über Berlin. Der historische Einstein-Saal, das Zeiß-Kleinplanetarium und ein riesiger Eisenmeteorit sind weitere Attraktionen der Sternwarte im Treptower Park. Alt-Treptow 1, 12435 Berlin (Treptow), Tel. 534 80 80, sternwarte@sdtb.de, www.sdtb.de. S-Bahn: Treptower Park. Mi-So 14-16.30 Uhr, Erw. € 4, Kinder € 3, Familien € 10.

obenauf. Es wurde 1791 nach Plänen des Architekten Carl Gotthard Langhans gebaut, der sich die Propyläen auf der Athener Akropolis zum Vorbild genommen hatte. Die Siegesgöttin auf dem Wagen gilt als Friedensbringerin. Beeindruckend ist das **Holocaust-Denkmal**, das sich ebenfalls linker Hand auf dem Weg zum Potsdamer Platz befindet. Es wurde 2005 eingeweiht und heißt offiziell „Denkmal für die ermordeten Juden Europas", der Entwurf stammt vom New Yorker Architekten Peter Eisenman. Kinder spielen zwischen den Stelen gern Verstecken, und das ist auch erlaubt. Erwachsene spüren beim Durchschreiten des labyrinthartigen Areals mitunter Beklemmungen, auch das ist durchaus gewollt. Symbolisiert wird die aussichtslose Lage der verfolgten Juden. Im Untergeschoss des Denkmals befindet sich eine Ausstellung über Konzentrationslager und die Schicksale jüdischer Mitbürger [Cora-Berliner-Str. 1, 10117 Berlin (Tiergarten), besucherservice@stiftung-denkmal.de, www.holocaust-mahnmal.de. U-/S-Bahn: Brandenburger Tor. Stelenfeld jederzeit frei zugänglich, Infozentrum: April-Sep Di-So 10-20, letzter Einlass 19.15 Uhr, Okt-März Di-So 10-19, letzter Einlass 18.15 Uhr, Eintritt frei].

Der schnellste Fahrstuhl Europas

Nun ist es nicht mehr weit bis zum **Potsdamer Platz**. 1994 bis 2000 entstand hier unter Federführung des italieni-

Versteckspiel zwischen den Stelen des lange umstrittenen Holocaust-Denkmals

schen Architekten Renzo Piano ein komplettes neues Stadtquartier mit 19 Gebäuden, zehn Straßen und zwei Plätzen (siehe auch Tour 10, S. 82). Das Sony Center (Entwurf: Helmut Jahn) wurde im Jahr 2000 fertiggestellt. Der schnellste Aufzug Europas fährt im Hochhaus mit der roten Klinkerfassade in der Potsdamer Straße 1, im **Kollhoff-Tower**. Mit einer Höchstgeschwindigkeit von 8,5 m pro Sekunde benötigt der Aufzug für die 90 m bis zur Aussichtsplattform im 24. Stock ganze 20 Sekunden. Entworfen wurde der Bau vom Berliner Architekten Hans Kollhoff [10785 Berlin (Mitte), Tel. 25 29 43 72, www.panoramapunkt.de, U-/S-Bahn: Potsdamer Platz. Tägl. 11-20 Uhr, Erw. € 5,50, Kinder € 4. Familien (2 Erw., 4 Kinder) € 14,50].
Unternehmen Sie nach der Fahrstuhlfahrt am besten einen Bummel durch das neue Viertel. Im Einkaufszentrum Potsdamer Platz Arkaden gibt es hervorragendes Eis bei „Caffè e Gelato" im 1. Stock. Wer jetzt etwas Bewegung braucht, sollte sich auf eine der fünf riesigen, 21 m langen Wippen an der Ostseite des Shoppingcenters setzen. Das bringt die Beine wieder in Schwung!

Rundflug

Möchten Sie doch mal in die Luft gehen? Im Treptower Park, hinter der Insel der Jugend, startet täglich ein rotes Wasserflugzeug zu Stadtrundflügen. Auch ein historischer „Rosinenbomber" Douglas DC-3 kreist regelmäßig über den Dächern Berlins (beides nur nach Voranmeldung). Auch das Zuschauen lohnt sich! Reservierung: **Air Service Berlin**, *Flughafen Berlin-Schönefeld, Gebäude G 005, 12521 Berlin, Tel. 53 21 53 21, info@air-service-berlin.de, www.air-service-berlin.de. Abflug Wasserflugzeug: Bulgarische Str. 1, 12435 Berlin (Treptow), S-Bahn: Treptower Park. Ein ca. 2-stündiger Rundflug kostet € 189 pro Person, Kinder zahlen die Hälfte.*

Flugzeugoldtimer

Nur eine Station mit der U-Bahn entfernt lockt das **Deutsche Technikmuseum** (siehe auch „Attraktionen", S. 87) mit seiner einzigartigen Flugzeugsammlung. An der Fassade macht ein sogenannter „Rosinenbomber", eine Douglas C-47 „Skytrain", darauf aufmerksam. Dies war das Flugzeugmodell, das während der Berlin-Blockade 1948/1949 eingesetzt wurde, um die Stadt aus der Luft mit Lebensmitteln, Kohle und anderen wichtigen Dingen zu versorgen. Allein an einem Wochenende landeten bis zu 1.400 Flugzeuge, alle drei Minuten eines (siehe auch S. 121). Doch im Technikmu-

Der „Rosinenbomber" an der Fassade des Technikmuseums weist den Weg

seum geht es nicht nur um die Geschichte der „Luftbrücke", sondern auch über Ballonfahrt und die ersten Sportflugzeuge kann man eine Menge erfahren. Auf den 6.000 qm Ausstellungsfläche sind zudem viele Flugzeugoldtimer zu bewundern [Trebbiner Str. 9, 10963 Berlin (Kreuzberg), Tel. 90 25 40, info@sdtb.de, www.sdtb.de. U-Bahn: Gleisdreieck. Di-Fr 9-17.30, Sa, So 10-18 Uhr, Erw. € 4,50, Kinder € 2,50].

Karussell-Café über den Wolken

Bei einer Tour über den Dächern Berlins darf der **Fernsehturm** am Alexanderplatz nicht fehlen. Er ist mit 368 m der zweithöchste Europas. Fahren Sie vom Bahnhof Gleisdreieck mit der U 2 Richtung Pankow und steigen Sie am Alexanderplatz aus. Der Turm ist nicht zu übersehen und befindet sich westlich der S-Bahn-Bögen. Ein Fahrstuhl katapultiert die Besucher in 40 Sekunden zur verglasten Aussichtsplattform in 203 m Höhe. Eine Etage höher gibt es ein Café, das sich zweimal pro Stunde um die eigene Achse dreht. Besonders Kindern macht es Spaß, etwas auf dem Fensterbrett abzulegen und darauf zu warten, dass der Drehteller, auf dem sich das Café befindet, wieder daran vorbeiführt. Der Blick über die Stadt ist grandios, bei guter Sicht können Sie über 40 km weit schauen! Aber auch bei Nebel ist die Höhe ein Erlebnis. Dann ist nämlich die Stadt plötzlich spurlos verschwunden, und man meint, in den Wolken zu schweben [Panoramastr. 1a, 10117 Berlin (Mitte), Tel. 242 33 33, info@berliner fernsehturm.de, www.berlinerfernseh turm.de. U-/S-Bahn: Alexanderplatz. März-Okt tägl. 9-24, Nov-Feb tägl. 10-24 Uhr. Erw. € 10,50, Kinder € 6,50].

Das Berliner Wahrzeichen, der Fernsehturm, ist stolze 368 m hoch

> ### Unter Wasser
> *Mit einem gläsernen Fahrstuhl hoch in den sechsten Stock fahren und tropische Fische sehen, das geht nur in Berlin. Eine Million Liter Wasser befinden sich in dem Aquarium-Kubus, der zum* **Sea Life Center** *in der Nähe des Fernsehturms gehört. Dort werden außerdem die heimischen Fischarten vorgestellt. Spandauer Str. 3, 10178 Berlin (Mitte), Tel. 01805-66 69 01 01 (14 ct./Min. aus d. dt. Festnetz), slcberlin@sealife.de, www.sea lifeeurope.com. S-Bahn: Hackescher Markt. Tägl. 10-19 Uhr, Erw. € 16,95, Kinder € 11,95.*

Tour 5: Reise in die Berliner „Unterwelt"

Bunker am Humboldthain • Gedenkstätte Berliner Mauer • Beachmitte • Gruselkabinett

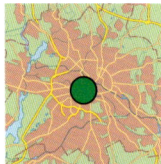

Wo: Im Wedding, in Mitte und Kreuzberg – Wie: Zu Fuß und mit öffentlichen Verkehrsmitteln – Dauer: Tagesausflug – Nicht vergessen: Taschenlampe, evtl. warme Kleidung, bei schönem Wetter Badezeug – Achtung: Nicht geeignet für Kinder unter 6 Jahren!

> ## U-Bahn-Tunnelwanderung
> *Ein bisschen Mut braucht man schon, wenn man an dieser ungewöhnlichen Tour durch die Berliner U-Bahn-Tunnel teilnimmt. Mit Taschenlampen bewaffnet geht es 1,5 Stunden im Kreis, vorbei an Notausstiegen, Weichen und Entgleisungsschuhen. Start und Ziel ist am U-Bahnhof Deutsche Oper, Bahnsteig II Richtung Pankow. Anmeldung: Tel. 256 27 623, Tunnelwanderung@bvg.de, www.bvg.de. Erw. € 12, 1 Erw. mit bis zu 2 Kindern (10-14 J.) € 15, 2 Erw. mit bis zu 3 Kindern (10-14 J.) € 25.*

Berlin ist im Untergrund durchlöchert wie ein Schweizer Käse. Nicht nur U- und S-Bahn-Tunnel, sondern auch unterirdische Bunker aus dem Zweiten Weltkrieg, die Kanalisation und Rohrpostrelikte verbergen sich unter dem Asphalt. Ganz Mutige steigen hinab in die Tiefen des alten Flakbunkers unter dem Humboldthain. Fluchttunnel, die von Ost- nach Westberlin führten, gab es zu Mauerzeiten u. a. in der Bernauer Straße, wo sich heute die Gedenkstätte Berliner Mauer befindet: Hier kann man noch ein echtes Stück Mauerstreifen besichtigen. Schön schaurig ist es im Gruselkabinett in einem alten Bunker, das die mittelalterliche Beinamputation erklärt. Nichts für schwache Nerven!

Dunkle Welten
Am U-Bahnhof Gesundbrunnen im Wedding hat der **Verein Berliner Unterwelten** sein Quartier, der fast täglich 90-minütige Führungen durch Tunnel, Bunker und Zivilschutzanlagen anbietet. Doch Achtung: Alle Touren sind ungeeignet für Kinderwagen und Knirpse unter 6 Jahren. Das Ticketbüro befindet sich in der südlichen Vorhalle des U-Bahnhofs, Ausgang Humboldthain, Brunnenstraße. Die Kasse ist an Führungstagen ab 10 Uhr geöffnet. Da die Teilnehmerzahl begrenzt und keine Kartenvorbestellung möglich ist, sollten Sie frühzeitig vor Beginn der Führung vor Ort sein [Brunnenstr. 105, Wedding, Tel. 49 91 05 17, info@berliner-unterwelten.de, www.berliner-unterwelten.de. U-/S-

Zehn Touren, die allen Spaß machen

Bahn: Gesundbrunnen. Geschäftsstelle: Mo-Fr 10-16 Uhr. Führungen: Erw. € 9, Schüler € 7, Kinder bis 11 J. frei]. Für jeden Geschmack wird etwas Passendes angeboten, Sie müssen sich nur entscheiden. Beliebt ist die Tour „Dunkle Welten" (Do-Mo 12, 14, 16 Uhr), die die Besucher hinter eine Tür im Bahnhof geleitet, die sonst versperrt ist. Hier harrten während der Luftangriffe im Zweiten Weltkrieg Tausende von Berlinern aus. Wie elend und beengt sich die Menschen gefühlt haben mussten, während draußen die Bomben einschlugen! Der Verein hat hier auch ein kleines Museum eingerichtet, mit Hinterlassenschaften aus Luftschutzkellern, aber auch Bildern und Exponaten aus den Tagen der Rohrpost, der Brauereikeller und des ersten Abwassersystems.

Fledermäuse unter Tage

Eine zweite Tour führt in den Flakbunker unter dem Humboldthain (April-Okt Do-So 11, 13, 15 Uhr) und ist aus Sicherheitsgründen nur für Besucher ab 14 Jahren geeignet. Der Verein hat über 1.400 Kubikmeter Schutt weggeräumt, um die größte Bunkeranlage Berlins wieder begehbar zu machen. Zwei von insgesamt sieben Geschossen können besichtigt werden. Thema ist auch die Geschichte des Bauwerkes.
Wer nicht schwindelfrei ist, sollte lieber nicht teilnehmen: Es gilt nämlich, über freitragende Abdeckungen und Brücken zu klettern. Da im Bunker auch Fledermäuse überwintern, werden die Führungen nur von April bis Oktober angeboten. Warme Kleidung ist ein Muss, da die Innentemperatur selbst im Sommer nur etwa 10 Grad beträgt.

Geisterbahnhöfe

Eine etwas harmlosere Tour (Do-So 12, 14, 16 Uhr) führt unter den Blochplatz direkt neben dem Bahnhof Gesundbrunnen. Hier befindet sich eine sogenannte Zivilschutzanlage. Ein Führer erklärt das Leben „Unter Tage", was es mit den Senatsreserven zu Mauerzeiten auf sich hatte und das Phänomen der Geisterbahnhöfe. Dies waren geschlossene Bahnhöfe, die auf Ostberliner Terrain lagen und von Westberliner U-Bahnen durchfahren wurden. Eine U-Bahnstation weiter in der Pankstraße befindet sich eine moderne Zivilschutzanlage, die ebenfalls besichtigt wird. Sie wurde 1977

Hier wird's auch mutigen Kids mulmig: Blick in die Tiefen des alten Flakturms

Blick in den „Westen", im Hintergrund der Aussichtsturm der Gedenkstätte

errichtet und hätte im Kriegsfall 3.400 Personen Schutz bieten können. Sie ist noch voll funktionsfähig und verfügt sogar über ein unterirdisches Wasserwerk für die Trinkwasserversorgung. Wer danach genug hat von Kellern und Krieg – oder sich gar nicht erst in die Unterwelt getraut hat –, spaziert eine Runde durch den **Volkspark Humboldthain** direkt am Bahnhof Gesundbrunnen. Hier liegt ein idyllisches Sommerbad (siehe S. 19), und von der Spitze der beiden Flaktürme über dem bewaldeten Hügel, unter dem sich der Bunker verbirgt, hat man einen schönen Blick über den Wedding. Im nordöstlichen Teil des Parks liegt ein kleiner **Abenteuerspielplatz**, wo junge Baumeister mit Holz hantieren dürfen [Gustav-Maier-Allee 3, 13355 Berlin (Wedding), Tel. 464 47 62, U-Bahn: Gesundbrunnen. Mo-Fr 13.30-18, Sa, So 12-18 Uhr].

Mauerspuren

Nach ausreichendem Aufenthalt an der Sonne nehmen Sie am Bahnhof Gesundbrunnen die nächste S-Bahn Richtung Süden, also nach Wannsee oder Lichtenrade. Steigen Sie zwei Stationen später am Nordbahnhof aus, und folgen Sie den Schildern zur **Gedenkstätte Berliner Mauer** in der Bernauer Straße [Bernauer Str. 111, 13355 Berlin (Wedding), Tel. 464 10 30, info@berliner-mauer-gedenkstaette.de, www.berliner-mauer-gedenkstaette.de. S-Bahn: Nordbahnhof. Ausstellung: April-Okt Di-So 9.30-19, Nov-März 9.30-18 Uhr, das Außengelände ist immer zugänglich, Eintritt frei]. Hier ist noch ein Original-Mauerrest auf einer Länge von rund 100 m erhalten. Gehen Sie einmal um die Mauer herum, und schauen Sie durch die Sehschlitze der zweiten Mauer auf die einstige Ostberliner Seite, wo sich früher der Minenstreifen zwischen West- und Ostmauer befand. Vom Turm der Gedenkstätte erkennt man gut, wie sehr die Stadt noch heute in zwei Hälften geteilt ist: Am ehemaligen Mauerstreifen hört die Bebauung auf, dann kommt erst mal nichts, auf Weddinger Seite stehen wieder Häuser. Als habe ein Riese eine Kerbe in die Stadt gehauen! In der Gedenkstätte kann

> ### Untergrund-Cabrio
> *Wie wär's mal mit einer Cabriotour durch U-Bahn-Tunnel? Ein BVG-Waggon ohne Dach fährt während der Sommersaison alle 14 Tage freitags um 20 Uhr zwei Stunden lang durch die finsteren Tunnel. Die Touren sind schnell ausgebucht, also frühzeitig anmelden. Tel. 25 62 52 56, U-Bahn-Cabriotour@bvg.de, www.bvg.de, Erw. € 40, Kinder unter 14 J. € 25.*

Zehn Touren, die allen Spaß machen

> ### Besuch im Atombunker
> Ein funktionsfähiger Atombunker unter dem Kurfürstendamm ist das Highlight im **Museum The Story of Berlin**. 3.592 Menschen haben dort im Ernstfall Platz. Bislang haben ihn zum Glück nur Besucher der Ausstellung, deren Teil der Bunker ist, besichtigt. Thema ist die Entwicklung der Hauptstadt von den Anfängen bis heute. Multimediatechnik und Lichtinstallationen machen den Gang durch die 23 Themenräume zu einem Erlebnis. Kurfürstendamm 207-208, 10719 Berlin (Charlottenburg), Tel. 88 72 01 00, info@story-of-berlin.de, www.story-of-berlin.de. U-Bahn: Uhlandstraße. Tägl. 10-20 Uhr, Erw. € 10, Kinder € 5, Familien € 23.

nen, was sich unter den Glasscheiben, die in den Boden eingelassen sind, alles verbirgt. Auch eine nicht gezündete Fliegerbombe ist zu sehen. Im Inneren der Kapelle finden täglich außer dienstags um 12 Uhr Gedenkandachten für die Maueropfer statt.

Strandspaß in der Stadt

Nur rund 300 m weiter südlich der Mauergedenkstätte geht es sportlich zu. Dort befindet sich Berlins größte **Beachvolleyballanlage Beachmitte** mit 47 Courts. Gehen Sie einfach die Bernauer Straße in südlicher Richtung am S-Bahnhof vorbei bis zur Caroline-Michaelis-Straße, dort rechts abbiegen, und schon sind Sie da. Vielleicht haben Sie Lust, eine Weile im Sand herumzutollen? Bälle können ausgeliehen werden, und Turnschuhe brauchen Sie auch keine, denn Beachvolleyball spielt man am besten barfuß. Eine gemütliche Bar mit Strandkörben

man kostenlos Filme schauen, die die Zeit des Kalten Krieges dokumentieren. Aus Hörstationen plätschern Reden von Politikern beider Systeme.
Vergessen Sie nicht, einen Blick in die kleine, runde Kapelle zu werfen, die nach der Wende auf dem Mauerstreifen erbaut wurde. Hier befand sich früher die Versöhnungskirche. Weil sie mitten im Grenzland stand, wurde sie 1985, vier Jahre vor dem Mauerfall, abgerissen. Die **Versöhnungskapelle** wurde aus dem Lehm und Schutt der alten Kirche errichtet. Eine hölzerne Fassade umgibt den eigentlichen Bau: Dahinter kann man die Kapelle im Kreis umrunden und stau-

Die „neue" Bernauer Straße im Stadtteil Wedding

und Bierbänken lockt diejenigen, die lieber zugucken möchten, wenn sich andere verausgaben. Deftiges wie Flammkuchen oder Steaks vom Grill eignen sich auch hervorragend für ein spätes Mittagessen [Caroline-Michaelis-Straße/Julie-Wolfthorn-Straße, 10115 Berlin (Mitte), Tel. 0177-280 68 61, info@beach mitte.de, www.beachmitte.de. S-Bahn: Nordbahnhof. April-Sep tägl. 10-24 Uhr, Courtmiete: € 12/Std., ab 17 Uhr € 16, Balleihgebühr € 1,50].

Skelette oder Bobbycars

Nach der sportiven Pause laufen Sie wieder zurück zum Nordbahnhof und nehmen die S-Bahn Richtung Süden (Wannsee oder Lichterfelde). Nach einer Viertelstunde sind Sie am Anhalter Bahnhof. Dort befindet sich das **Gruselkabinett** in einem ehemaligen Luftschutzbunker. Im Untergeschoss kann man zwischen 2,13 m dicken Wänden wandeln und Fundstücke vom Bombensplitter bis zu alten Zeitungen studieren. Im Erdgeschoss wird es dann schön schaurig. Dort wird dargestellt, wie früher ohne

taz-Café

Wer sich nach dem aufreibenden Besuch im Gruselkabinett erholen muss: Nur etwa eine Viertelstunde Fußweg entfernt liegt das Hauscafé der „tageszeitung" (taz) mit leckerem Essen, Biofleisch und fair gehandeltem Kaffee. Durch die Fenster lässt sich prima das Treiben draußen auf der Straße beobachten. Rudi-Dutschke-Str. 23, 10969 Berlin (Kreuzberg), Tel. 25 90 20. U-Bahn: Kochstraße. Mo-Fr 8-20 Uhr.

Betäubung operiert oder Zähne gezogen wurden. Im Obergeschoss klappern Skelette, und ab und zu schießt ein lebendiges „Gespenst" hervor, um die Besucher zu erschrecken. [Schöneberger Str. 23a, 10963 Berlin (Kreuzberg), Tel. 26 55 55 46, m.fried@gruselkabinett-berlin.de, www.gruselkabinett.de, S-Bahn: Anhalter Bahnhof. Mo 10-15, So, Di, Do 10-19, Fr 10-20, Sa 12-20 Uhr, Erw. € 7,50, Kinder unter 14 J. € 5].

Spielen im Jolos

Wer statt echter Tunnel lieber Tunnelrutschen mag, ist im **Indoorspielplatz Jolos Kinderwelt** in Kreuzberg gut aufgehoben. Hier locken zudem Klettergerüste, ein Bällebad und Bobbycars für die Kleineren [Am Tempelhofer Berg 7d, 10965 Berlin (Kreuzberg), Tel. 61 20 27 96, info@jolo-berlin.de, www.jolo-berlin.de. U-Bahn: Platz der Luftbrücke. Mo-Fr 14-19, Sa, So 11-19 Uhr, Mo-Fr € 4/2 Std., Erw. € 3,50/Tag, Kinder € 6,50/Tag].

Im Gruselkabinett werden die Besucher von Skeletten begrüßt

Tour 6: Die Schätze der Museumsinsel

Pergamonmuseum • Bode-Museum • Neues Museum • Altes Museum • Alte Nationalgalerie • DDR-Museum

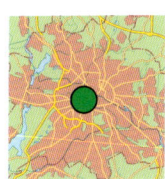

Wo: In Mitte – Wie: Zu Fuß und per Wassertaxi – Dauer: Halbtagesausflug – Nicht vergessen: evtl. WelcomeCard (siehe S. 104)

Ferienprogramm

*Sobald die Berliner Schulkinder ihre Tornister in die Ecke stellen, beginnt in den Museen ein spannendes Aktivitätenprogramm, zu dem auch Gäste kinder herzlich eingeladen sind. In zahlreichen Workshops können Kinder und Jugendliche lernen, wie man Skulpturen erstellt oder als Archäologe auf Schatzsuche geht. Interessante Führungen bieten die **Besucherdienste der Staatlichen Museen** auch an Wochenenden während der Schulzeit. Infos unter Tel. 266 29 87, besucherdienste@smb.spk-berlin.de, www.smb.museum. Kosten: € 0-5 pro Nase.*

Einen Ort der Kunst und der Wissenschaft wollte der preußische König Friedrich Wilhelm IV. schaffen. Entstanden ist ein gigantisches Ensemble aus fünf Museen: **Pergamonmuseum**, **Bode-Museum**, **Neues Museum**, **Altes Museum**, **Alte Nationalgalerie**. Das Ensemble ist einmalig und wurde von der UNESCO zum Weltkulturerbe erklärt. Einen Besuch auf der Museumsinsel sollten Sie sich nicht entgehen lassen. Die Schätze der Abenteurer und Archäologen, die hier zu sehen sind, werden sicher auch Ihre Kinder begeistern. Es gibt so viel zu entdecken, dass Sie sich am besten heute auf ein oder zwei Museen beschränken und sich die übrigen an einem anderen Tag vornehmen [10178 Berlin (Mitte), Pergamonmuseum, Am Kupfergraben 5. Bode-Museum, Monbijoubrücke. Neues Museum, Altes Museum, Am Lustgarten. Alte Nationalgalerie, Bodestr. 1-3. Infos für alle Häuser: Tel. 266 42 42 42, www.smb.museum.de, service@smb.museum.de, S-Bahn: Hackescher Markt. Neues Museum: So-Mi 10-18, Do-Sa 10-20 Uhr, Erw. € 10, Kinder € 5. Pergamonmuseum: Fr-Mi 10-18, Do bis 22 Uhr, Erw. € 10, Kinder € 5. Altes Museum, Bode-Museum: Fr-Mi 10-18, Do bis 22 Uhr, Erw. € 8, Kinder € 4. Alte Nationalgalerie: Di, Mi, Fr-So 10-18, Do bis 22 Uhr, Erw. € 8, Kinder € 4. 3-Tage-Karte Erw. € 19, Schüler (ab 17 J.) € 9,50].

Von Izmir nach Berlin

Carl Humann war kein Abenteurer. Schuld daran, dass er vor rund 130 Jahren den Pergamonaltar ausbuddelte, war die Tuberkulose. Sie veranlasste den gebürtigen Rheinländer und Eisenbahningenieur, in die Türkei zu ziehen, der Sonne und trockenen Luft wegen. Heute tun es ihm viele Deutsche nach. Doch Humann war kein Faulenzer: Er baute in seinem Exil zuerst Straßen und betrieb eine Import-Export-Firma. Dann entdeckte er die Schätze Pergamons und nahm ein großes Stück davon mit in die Heimat, in diesem Fall nach Berlin. Dort hatte nämlich Kaiser Wilhelm II. – ebenso wie die Briten und die Russen vor ihm – in Interesse daran, etwas aus der Antike zu besitzen. Selbst begeisterter Hobbyarchäologe, zahlte er die 20.000 Reichsmark für den Transport des Pergamonaltars. Jede einzelne Marmorplatte wurde mit Ochsenkarren von Pergamon zur 30 Kilometer entfernten Küste transportiert. Von dort wurden die Einzelteile nach Izmir verschifft, wo drei Schiffe der kaiserlichen Kriegsmarine den Transport nach Preußen übernahmen. 1880 wurden schließlich einige der Friesplatten zum ersten Mal in Berlin gezeigt. Der darauf abgebildete Kampf der Götter gegen die Giganten begeisterte die Berliner und Besucher der Stadt so sehr, dass sie Schlange standen, um einen Blick auf diese kostbaren alten Schätze zu werfen.

Spannende Geschichten

Auch heute ist der Pergamonaltar immer noch eine Sensation. Über eine Million Menschen besuchen jährlich das eigens dafür gebaute Museum. Übrigens das zweite, denn der erste Bau bekam 1908 Schlagseite und wurde abgerissen, 1930 dann wurde das jetzige Gebäude einge-

Seit über 100 Jahren ein Publikumsmagnet: der Pergamonaltar

weiht. Darin der Pergamonaltar: 34 m lang, 36 m breit, 16 m hoch. Wer die 28 Treppenstufen des Altars erklimmt, wird oben mit einer spannenden Geschichte belohnt, dem Telephos-Mythos. Der Innenfries erzählt das Leben von Telephos, der nach der griechischen Sage ein Sohn des Herakles und der Auge war, einer Priesterin der Athene. Er wurde von seiner Mutter ausgesetzt, aber von einer Hirschkuh gesäugt und vom König Korythos erzogen. Telephos soll die Stadt Pergamon gegründet haben, und unter den pergamenischen Königen galt er als Ahnherr. Auf den 1,58 m hohen Platten sieht man zum Beispiel, wie er von einer Löwin – das ist natürlich spektakulärer als eine Hirschkuh – genährt wird. Eine andere zeigt, wie Telephos gegen die Feinde des Königs Teuthras kämpft. Lassen Sie die Kinder doch danach suchen!

Ein unvollendetes Puzzle

Einen Saal weiter befindet sich das komplette Markttor von Milet, gefunden rund 200 km südlich von Pergamon. Auf der Galerie ist ein Modell der Stadt Milet aufgebaut, das zeigt, wie die Häuser dort früher aussahen und wo das Markttor genau stand. Außerdem zu sehen ist das berühmte Ishtar-Tor, ehemals Teil der Stadtmauer Babylons, und die wunderschöne Prozessionsstraße von Babylon mit gefliesten Fassaden, auf denen Löwen fauchen. Weitere Fliesen lagern noch kistenweise im Keller des Museums, keiner hat es bis jetzt geschafft, das Puzzle zu vollenden. Drei Museen beherbergt das Pergamonmuseum insgesamt: die Antikensammlung, das Museum für Islamische Kunst und das Vorderasiatische Museum. Auf jeden

Enten-Aquarium

*Nach dem Museumsbesuch eine Erfrischung gefällig? Wenn es zu kalt ist, um etwa im Monbijoubad (siehe S. 18) draußen zu baden, bietet sich das **Stadtbad Mitte** als Alternative an. Breite Treppen führen ins 28 Grad warme Wasser des Nichtschwimmerbereichs. Die Bademeister geben auch gern mal eine Poolnudel oder anderes Wasserspielzeug heraus. Das Bad ist fast völlig verglast – sogar die Decke –, weshalb es auch Enten-Aquarium genannt wird. Gartenstr. 5, 10115 Berlin (Mitte), Tel. 308 80 90. S-Bahn: Nordbahnhof. Öffnungszeiten bitte telefonisch erfragen (Juni-Sep geschlossen). Erw. € 4, Kinder € 2,50, Familien € 7.*

Fall sollte man sich eine Audioguide-Tour gönnen, die ist auch für Schulkinder zu empfehlen.

Spritztour mit dem Taxi

Wenn die kleinen Racker für heute schon genug von Museen haben oder Ihnen der Sinn nach einer vergnüglichen Abwechslung steht, schlagen Sie doch vor, auf einer Fahrt mit dem **Berliner Wassertaxi** die Insel von der Spree aus zu bestaunen. Dabei können Sie den Kindern erzählen, dass die gesamte Museumsinsel auf Holzpfählen im Wasser steht. Zu Tausenden wurden sie eingepflockt, um die tonnenschwere Last der Gebäude zu tragen. Den Anleger finden Sie an der Spreebrücke kurz vor dem Boulevard Unter den Linden (vom Pergamonmuseum aus Richtung Deutsches Historisches Museum an der Straße Am Festungsgraben entlang). Mit einem der kleinen flachen Ausflugsboote umrunden Sie innerhalb einer Stunde die halbe Museumsinsel und sehen auch noch das Regierungsviertel. Vom Wasser aus wirken die massigen Gebäude noch viel mächtiger und majestätischer [Anlegestelle Am Zeughaus/Ecke Unter den Linden, Mitte, Tel. 658 802 03, kontakt@berliner-wassertaxi.de, www.berlinerwassertaxi.de. S-Bahn: Hackescher Markt. Rundfahrten April-Okt stündl. 10-17 Uhr, Erw. € 9, Kinder ab 13 J. € 7, bis 12 J. € 3].

Kunst für Kinder

Wer in der Pause wieder Kraft geschöpft hat, schlendert zurück zur Museumsinsel. Alle Museen werden nach und nach restauriert, und ganz neu herausgeputzt ist das **Bode-Museum** mit der Skulpturensammlung und dem Münzkabinett. Die spannenden Ausstellungen in der Kindergalerie im ersten Stock veranschaulichen, wie ein Mosaik entsteht oder wie eine Holzskulptur den letzten Schliff bekommt. In dem eigens für sie geschaffenen Ausstellungs- und Werkraum können Kinder Kunst anschauen, aber auch selbst Hand anlegen: Sonntags ab 15 Uhr machen Kunstpädagogen der Staatlichen Museen Kinder und Jugendliche auf spielerische Weise mit Originalen der Sammlungen bekannt und führen sie an verschiedene Themenbereiche der Kunst- und Kulturgeschichte heran (im Eintritt für das Museum enthalten). Aber auch das **Neue Museum** mit der Ägyptischen Sammlung im Obergeschoss ist ein Highlight. Die Eltern zieht es sicher zu der berühmten ägyptischen Königsbüste der Nofretete, während der Nachwuchs in der Regel die echten Mumien und die Relikte aus der ägyptischen Pharaonenzeit spannender findet.

Lustige Wimmelbilder

Möchten Ihre Kinder wissen, wie Berlin vor 150 Jahren ausgesehen hat? Dann auf in die **Alte Nationalgalerie**. Dort hängen viele Bilder des bekannten Malers Adolph Menzel. Unzählige Stadtansichten zeigen die Stadt, wie sie früher aussah. Auf vielen Bildern wimmelt es von Pferden, Soldaten und schönen Frauen, die in eleganten Kleidern, mit Hut und Sonnenschirm Unter den Linden flanie-

---

Teestunde auf Tadschikisch

*Bei so viel Kulturgenuss kann eine Pause zwischendurch nicht schaden. Wie wäre es mit einer gemütlichen Teestunde im urigen Ambiente der **Tadschikischen Teestube**? Sie liegt nur etwa 200 m vom Pergamonmuseum entfernt im ersten Stock des Palais am Festungsgraben. Ganz nach Art der Tadschiken nehmen Sie dort Ihren Tee auf dem Boden ein, gebettet auf weichen Seidenkissen. Außer Tee gibt es hier tadschikische Spezialitäten, Kuchen und Kekse. Am Festungsgraben 1, 10117 Berlin (Mitte), Tel. 204 11 12, S-Bahn: Hackescher Markt. Mo-Fr 17-24, Sa, So 15-24 Uhr.*

Majestätisch erhebt sich das Bode-Museum auf der Museumsinsel

ren – auch Kinder schauen sich diese „Wimmelbilder" gern an, wenn Sie ihnen etwas zum Suchen nennen. Im 2. Stock bezaubern Meisterwerke von Edouard Manet, Claude Monet, Auguste Renoir, Edgar Degas, Paul Cézanne und Skulpturen von Auguste Rodin. Und in der 3. Etage sollte man einen Blick auf die Gemälde von Caspar David Friedrich werfen, den Romantiker schlechthin.

DDR-Museum

Wer sich mehr für die jüngste Vergangenheit interessiert, unternimmt einen Abstecher auf die andere Spreeseite zum **DDR-Museum** gegenüber dem Berliner Dom. Gehen Sie über die Brücke an der Alten Nationalgalerie, und halten Sie sich am anderen Ufer rechts. Nach 50 m stehen Sie vor dem Museum. Die kleine, aber feine Sammlung zeigt Alltagsgegenstände aus VEB-Produktion, darunter DDR-Jeans und Kaffee aus volkseigener Produktion. Und ein komplett mit DDR-Möbeln eingerichtetes Wohnzimmer lädt zum gemütlichen Päuschen ein [Karl-Liebknecht-Str. 1, 10178 Berlin (Mitte), Tel. 847 12 37 31, post@ddr-museum.de, www.ddr-museum. S-Bahn: Hackescher Markt. Tägl. 10-20, Sa bis 22 Uhr, Erw. 5,50, Kinder € 3,50].

Zum guten Schluss der Tour sollten Sie sich am Ufer der Spree noch ein spätes Mittagessen oder einen Kaffee gönnen. Zahlreiche Lokale neben dem Museum laden mit Sonnenterrassen direkt an der Spree zum Verweilen ein. Die Kinder können hier ungestört toben, da es reichlich Platz gibt und keine Autos weit und breit eine Gefahr darstellen.

Tour 7: Natur pur im Grunewald

Sanddüne • Teufelssee • Ökowerk • Teufelsberg

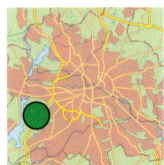

Wo: Im Grunewald – Wie: zu Fuß – Dauer: Tagesausflug – Nicht vergessen: Picknickproviant, Badesachen, feste Schuhe

Der 3.000 ha große Grunewald war zu Mauerzeiten für Westberliner das Naherholungsgebiet Nummer 1. Einen echten Mischwald mit alten Eichen und weit ausladenden Kiefern gab es sonst nur noch im Norden, im kleineren Tegeler Forst. Für eine Landpartie musste man entweder in die DDR einreisen, was mit langwierigen Grenzkontrollen verbunden war, oder die Berliner fuhren gleich nach Westdeutschland, das wiederum war an einem Nachmittag nicht zu schaffen. Noch heute pilgern viele Familien in den idyllischen Forst, aber nicht nur um frische Luft zu tanken, sondern auch um zu picknicken, auf dem Gelände des Umweltzentrums Ökowerk an Kräutern zu schnuppern oder im Teufelssee zu

Badetreff im Grunewald: der Teufelssee

baden. Wenn Sie also Lust auf Natur in der Stadt haben, schnappen Sie sich Ihre Familie, packen Sie die Kleinsten in den Buggy, und machen Sie sich auf zu einer kleinen Wanderung (ca. 5 km) durch den Grunewald.

Vorsicht, Wildschweine

Start für die Tour durch den Grunewald ist die gleichnamige S-Bahn-Station. Hier riecht es ordentlich nach Abgasen, denn gleich neben der Bahntrasse rasen die Autos auf der Avus vorbei, der 9 km langen Berliner Stadtautobahn Richtung Potsdam. Avus ist die Abkürzung für Automobil-Verkehrs- und Übungsstraße. Sie war bei ihrer Einweihung 1921 die erste Straße Europas, auf der nur Autos fahren durften. In der Unterführung am Bahnhof halten Sie sich links, und bald kommen die ersten Ausflugslokale in Sicht, die auf Tafeln für Wildgerichte und Jägersoße werben.

Hier wimmelt es von Wildschweinen, und so mancher Spaziergänger ist in der Dämmerung schon auf einen Baum geklettert, weil eine angriffslustige Horde auf ihn zugestürmt kam. Tagsüber halten sich die Borstentiere meist versteckt. Sollte man doch mal aus Versehen einem Frischling zu nahe kommen: auf keinen Fall schreien, sondern langsam rückwärtsgehen und hektische Bewegungen vermeiden, sonst wird die Mutter nervös. Wem Wildschwein auf dem Teller lieber ist, der wendet sich an das **Forstamt Grunewald**. Dort werden erlegte Tiere auch an Privatleute verkauft [Koenigsallee 82, Grunewald, S-Bahn: Nikolassee, Tel. 895 38 10, foa_grunewald@senstadt.berlin.de, www.stadtentwicklung.berlin.de/forsten].

> ### Grunewaldsee
> *Wer Hunde liebt oder vielleicht sogar selbst einen hat, muss unbedingt am Wochenende diesen See besuchen. Auf dem Uferweg trifft man mehr Hassos und Fiffis als Herrchen oder Frauchen! Trotz Gebelle und Gerufe haben alle ihren Spaß. Hier gibt es sogar einen Hundestrand! Bus 115, Haltestelle: Clayallee/Ecke Pücklerstraße.*

Eine Düne im Wald

Nach den Ausflugsgaststätten kommt der Kronprinzessinnenweg, auf dem sich am Wochenende viele Skater tummeln, da er schnurgerade entlang der Avus eine ideale Trainingsstrecke bietet. Sie gehen über den Zebrastreifen und dann schräg links über den Parkplatz in den Wald. Schlagartig wird es ruhiger, die Bäume schlucken den Lärm der Avus, die Luft riecht nach Moos. Rechts und links finden sich immer mal wieder kleine Wigwams aus Ästen und Blättern, von Stadtkindern gebaut.

Der große, breite Weg führt bis zu einer Kleingartenanlage, dort halb links halten und dem Schildhornweg Richtung Teufelssee folgen (ausgeschildert). Unterwegs kommen Sie an einer ehemaligen, 14 ha großen Sandgrube vorbei, ein einzigartiges Biotop für jede Menge Frösche, Lurche und Insekten. In der Senke befindet sich Berlins größte **Sanddüne**. Die lieben Kinder besonders, weil man sich dort im Sand hinunterkullern kann. An Sommersonntagen ist die Düne manchmal so dicht mit Kindern und

Eltern bevölkert, dass man Mühe hat, seinen Anhang im Auge zu behalten. Im Winter lädt der Abhang, der in die Grube führt, zum Schlittenfahren ein.

Am Teufelssee

Nach ausführlicher Umrundung der Sanddüne und Staunen über die Artenvielfalt in den Sümpfen am südlichen Rand der Grube geht es weiter auf dem Schildhornweg zum **Teufelssee**. Dieser 2,4 ha große See dient besonders Nacktbadern als Anlaufstelle. Wer sich nicht die Blöße geben will, wird aber ebenfalls akzeptiert. Das Wasser ist von guter Badequalität, denn da der See zu verlanden droht, werden jährlich 200.000 Kubikmeter Frischwasser zugeführt. Wenn Sie genug geplanscht und entspannt haben, schlendern Sie zum Westufer des Sees. In einem ehemaligen Pumpwerk aus rotem Backstein ist das Umweltzentrum **Ökowerk** untergebracht und bietet viele Naturkundekurse für Kinder und Erwachsene (Anmeldung ratsam). „Wo schläft der Marder, wo schubbert sich das Wildschwein, warum bleibt die Spinne nicht an ihrem eigenen Netz hängen?" heißt etwa ein 4-stündiger Workshop, in dem auf einer Pirsch durch den Grunewald Fährten studiert und Naturphänomene erklärt werden. Aufregend sind auch die regelmäßigen Nachtwanderungen für Kinder.

> ### Jagdschloss Grunewald
> *Die Jagd war die große Leidenschaft der preußischen Könige und Prinzen, weshalb schon im 16. Jh. dieses Schloss entstand. Eine Ausstellung zum Thema „Höfische Jagd" zeigt Relikte aus dieser Zeit. 2009 wird im frisch renovierten Schloss auch wieder die wertvolle Gemälde-, Porzellan- und Möbelsammlung aus dem 15.-18. Jh. zu sehen sein. Hüttenweg 100 (am Grunewaldsee), 14193 Berlin (Grunewald), Tel. 813 35 97, Bus 115, Haltestelle: Clayallee/Ecke Pücklerstraße. Nov-April Sa, So 10-16, Mai-Okt Di-So 10-18 Uhr, Erw. € 4, Kinder € 3.*

Anschaulicher Naturkundeunterricht

Im Ökowerk befindet sich auch eine Ausstellung zum Thema „Leben im Wasser". Besucher können ausprobieren, wie man eine Stadt baut, in der möglichst viel Regenwasser versickert. Schauinstallationen ermöglichen es, in einen See einzutauchen und die Unterwasserwelt

Das Umweltzentrum Ökowerk am Ostufer des Teufelssees

mit den Augen eines Rüsselwasserflohs zu sehen. Besonders hübsch ist der Kräutergarten mit vielen bekannten und seltenen Pflanzen. Auch Hornissennester (leer!) kann man studieren oder lernen, warum eine Hecke aus Naturhölzern besser ist als ein Maschendrahtzaun. Ein Bistro auf dem Gelände versorgt die Gäste am Wochenende mit Demeter-Eis und leckerem Bio-Kuchen [Teufelsseechaussee 22-24, Grunewald, Tel. 300 00 50, info@oekowerk.de, www.oekowerk.de. S-Bahn: Grunewald (plus 20 Min. Fußweg). Nov-März Di-Fr 10-16, Sa, So 11-16, April-Okt Di-Fr 9-18, Sa, So 12-18 Uhr, Bistro nur Sa u. So; Ausstellung Erw. € 2,50, Kinder ab 5 J. € 1, Kurse Erw. € 2, Kind € 1, Familien € 5, evtl. zzgl. Materialkosten].

Zum Gipfel des Trümmerbergs

So gestärkt ist der Fußmarsch zum **Teufelsberg** ein Leichtes. Laufen Sie einfach die Straße, die bis zum Ökowerk führt, in die entgegengesetzte Richtung. Nach ca. 500 m tauchen linker Hand zwei Hügelkuppen auf, der Teufels- und der Drachenberg. Letzterer ist eigentlich nur die kleinere Kuppe des Teufelsbergs. Die höhere ist 115 m hoch, die andere 99 m. Das Bergensemble wurde von 1950 bis 1972 aus 26 Millionen Kubikmetern Schutt errichtet und ist damit der größte

Nachwuchsbiologen im Ökowerk: Was schwimmt denn da im Bottich?

Trümmerberg Berlins. Auf dem Gipfel befindet sich die Ruine einer ehemaligen Radarstation, die bis 1992 von den US-Amerikanern genutzt wurde und jetzt durch einen Zaun abgesperrt ist. Nach anfänglichen Plänen, die Anlage in ein Luxushotel umzuwandeln, liegt das architektonisch beeindruckende Spionageabwehrzentrum mit den markanten Kuppeltürmen nun brach.

> ### Pause im Grunewaldturm
> *Einen herrlichen Ausblick über Wald und Seen hat man von diesem Aussichtsturm am Ufer der Havel. Das 55 m hohe Gebäude wurde 1897 anlässlich des 100. Geburtstags von Kaiser Wilhelm I. errichtet. Im Untergeschoss befindet sich ein Restaurant mit regionaler Küche, leckere Eisbecher und Kuchen sind ebenfalls zu haben. Havelchaussee 61, 14193 Berlin (Wilmersdorf), Tel. 300 07 30, www.grunewaldturm.de. Bus 218, Haltestelle: Grunewaldturm. Ab Sommer 2011 Mo-Fr 11-19, Sa, So 9.30-19 Uhr, Turmzugang Erw. € 1, Kinder € 0,50.*

Grunewaldturm: tolle Aussicht oben, leckeres Essen unten

Eine Treppe führt auf den Drachenberg. Wie viele Stufen es wohl sind? Von oben haben Sie nicht nur einen herrlichen Blick über den Grunewald, die angrenzende Havel und die Stadt, sondern auch die Möglichkeit, Lenkdrachen zuzuschauen oder selbst einen steigen zu lassen. Hier weht eigentlich immer ein Lüftchen. Im Winter eignet sich der Berg hervorragend zum Rodeln. Zum Picknicken ist er ebenfalls ideal, weshalb Sie spätestens hier Ihren Proviant auspacken sollten, sofern Sie es noch nicht am Teufelssee getan haben.

Zurück in die Stadt bringen Sie die S-Bahn-Linien 9 und 75, die am Bahnhof Heerstraße abfahren. Einfach die Teufelsseechaussee weiter geradeaus laufen, nach ca. 15 Minuten kommt die S-Bahn-Trasse in Sicht.

Tour 8: Unterwegs im Prenzlauer Berg

Kindermuseum • Spielplatz Helmholtzplatz • Kulturbrauerei • Mauerpark

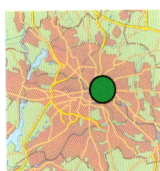

Wo: Prenzlauer Berg – Wie: Zu Fuß – Dauer: Tagesausflug – Nicht vergessen: Stadtplan, im Sommer Picknickkorb und Decke

Der Bezirk mit den meisten Kindern in Berlin ist Prenzlauer Berg. Hier haben viele Familien sogar drei und mehr Kinder, was bedeutet, dass auch die Umgebung ganz auf den Nachwuchs eingestellt ist, mit tollen Spielplätzen, jeder Menge Eisdielen (die besten!) und Spielzeugläden. Viele Cafés bieten extra Spielecken, und nicht nur bei Regen sorgen gleich mehrere Kindertheater für Unterhaltung. Sogar ein Kindermuseum und eine Galerie für Kinderkunst gibt es. Und im Mauerpark stehen die größten Schaukeln der Stadt. Ein perfekter Ort für ein Picknick am Ende eines aufregenden Tages.

Trubel an der Kreuzung

Die Tour durch den Prenzlauer Berg startet im Herzen des Kiezes, dort, wo es richtig schön turbulent ist, nämlich am U-Bahnhof Eberswalder Straße. Lassen Sie es gemütlich angehen, und stärken Sie sich im **Café Manolo** mit einem zweiten Frühstück oder einem himmlischen Kuchen. Von drinnen am Fenstertresen haben Sie einen prima Blick auf die verkehrsreichste Kreuzung der Stadt. Es macht großen Spaß, die vorbeiflanierenden Menschen zu beobachten, und Sie dürfen sogar Fotos machen. Am Tresen hängt eine Digitalkamera, um den ganz alltäglichen Wahnsinn auf der Kreuzung zu dokumentieren [Schönhauser Allee 45, 10435 Berlin (Prenzlauer Berg), Tel. 24 62 79 58. U-Bahn: Eberswalder Straße. Tägl. ab 7 Uhr].

Mitmachmuseum

Nun haben Sie die Wahl. Westwärts geht es Richtung Mauerpark, ostwärts zum Kindermuseum. Je nach Wetterlage sollte man also überlegen, was besser ist. Da es aber traditionell heißt, erst die Arbeit

---

Kleiner Wasserspeicher

Neben dem ältesten Wasserturm der Stadt befindet sich unter einem begehbaren Hügel der Kleine Wasserspeicher. Dort finden im Sommer regelmäßig Kunstausstellungen statt, die in dem kellerartigen Gewölbe eine besondere Wirkung entfalten. Lichtinstallationen und Klangkunst verzaubern die dunklen Gänge. Eingang Diedenhofer Straße, 10405 Berlin (Prenzlauer Berg). U-Bahn: Senefelder Platz. Infos zu Ausstellungen: Kunstamt Pankow, Tel. 902 95 38 03. Juni/Juli Mi-So 14-20 Uhr, Erw. € 3, Kinder € 2.

Kreativwerkstatt im kunterbunten MACHmit! Kindermuseum

(Kultur!), dann das Vergnügen (faul auf einer Decke liegen), marschieren Sie am besten zunächst die Danziger Straße entlang bis zum **MACHmit! Kindermuseum** in der Senefelder Straße (5. Straße links). Dort befindet sich u. a. eine Druckerei, in der man selbst mit alten Lettern Wörter setzen kann, und erfährt, wie früher Bücher gedruckt wurden. Auch ein Spiegelkabinett gibt es, in dem man mal sehr dick, mal extrem lang aussieht. Wechselnde Ausstellungen zu Themen wie Energie oder Salz machen jede Menge Spaß, weil man fast alles anfassen darf, Experimente wagen kann und Wissensfragen lösen muss. So lernen Groß und Klein ganz spielerisch, warum die Lampe brennt oder woher das Salz kommt [Senefelder Str. 5, 10437 Berlin (Prenzlauer Berg), Tel. 74 77 82 00, info@machmitmuseum.de, www.machmitmuseum.de. U-Bahn: Eberswalder Straße. Di-So 10-18 Uhr, Erw. € 4,50, Kinder € 3, unter 3 J. frei, Familien € 13].

Gigantischer Spielplatz

Wer jetzt Bewegung braucht, sollte den Helmholtzplatz ansteuern. Dort treffen sich Kinder und Eltern auf einem der größten Spielplätze weit und breit mit tollen Klettergerüsten, Tischtennisplatten und sogar einer Holzburg. Vom Museum aus rechts gehen, dann links in die Raumerstraße einbiegen. Nach rund 50 m taucht der Helmholtzplatz auf der rechten Seite auf. Doch halt! Sie gehen gerade an einer der besten Eisdielen der

Focaccia statt Pizza

*Sollte nach der geistigen Anregung im Kindermuseum Hunger aufkommen: Gleich gegenüber in der **Focacceria** gibt's leckere pizzaartige Teigstücke mit verschiedenem Belag. Schmeckt prima und ist unschlagbar günstig. Ein Stück Focaccia kostet rund € 1! Zum Essen macht man es sich in einem der plüschigen Wohnzimmersessel bequem – Retro-Schick ist in Berlin gerade hip. Senefelder Str. 30a, 10437 Berlin (Prenzlauer Berg), Tel. 0160-602 40 44. Tram M10: Husemannstraße. Tägl. 12-22 Uhr.*

> **TIC**
>
> Prenzlauer Berg hat ein eigenes Fremdenverkehrsbüro, TIC genannt. Dort kann man sich über Sehenswürdigkeiten, Stadtführungen, Kinderprogramme sowie Kultureinrichtungen in den Stadtteilen Prenzlauer Berg, Pankow und Weißensee informieren. Das TIC befindet sich im Maschinenhaus der Kulturbrauerei. Schönhauser Allee 36, 10435 Berlin (Prenzlauer Berg), Tel. 44 31 51 52, info@tic-berlin.de, www.tic-berlin.de. U-Bahn: Eberswalder Straße. So-Mi 12-18, Do-Sa 12-20 Uhr.

Stadt vorbei, dem **Eislabor**. Wäre doch schade, dort nicht ein, zwei Kugeln zu naschen [Raumerstr. 32, 10437 Berlin (Prenzlauer Berg), kein Tel. U-Bahn: Eberswalder Straße. Tägl. 10-19 Uhr, Kugel € 0,80]. Danach geht es weiter auf den Spielplatz. Während die Eltern sich ein Heißgetränk von einem der umliegenden Cafés holen und die Sonne auf der Bank genießen, tollen die Kleinen ordentlich herum und werden am Abend sicher schön geschafft sein …

Kultur in der Brauerei

Als nächste Station lockt die **Kulturbrauerei** mit großem Kinocenter, einer interessanten Musikalienhandlung sowie Theater- und Konzertsälen. Wie der Name schon sagt, befand sich hier früher eine Brauerei, die bis 1967 Bier herstellte [Schönhauser Allee 36, 10435 Berlin (Prenzlauer Berg), Tel. 44 31 51 52, info@kulturbrauerei.de, www.kulturbrauerei.de. U-Bahn: Eberswalder Straße]. Nach einer 50 Millionen Euro teuren Renovierung zogen 1999 die ersten neuen Mieter ein. Seither hat die Kultur hier die Oberhand. Im ehemaligen Brauturm, wo sich der **frannz-Club** befindet, werden manchmal am Sonntag Kinder- oder Puppentheater, Marionettenspiel, Musikunterhaltung und Hörtheater geboten [Tel. 726 27 93 33. So 15-16.30 Uhr, € 3/Pers.]. Während sich die Kinder amüsieren, trinken die Eltern nebenan im **Café Manolo** (siehe S. 69) gemütlich Kaffee. Werktags bietet sich für Musikinteressierte ein Besuch des Ladens **Sound & Drumland** an. Hier kann man viele Instrumente ausprobieren, die Keyboard-Abteilung ist fantastisch. Ihr Kind wollte

Schlange stehen im Prenzlauer Berg – hier gibt's die beliebtesten Eisdielen

Auch im Winter einen Abstecher wert: Weihnachtsmarkt in der Kulturbrauerei

schon immer mal auf einem Schlagzeug trommeln? Kein Problem, der Laden verfügt über spezielle Antestkabinen und hat die größte Auswahl an High-End-Drumsets in Deutschland. Natürlich sollte man beim Testen damit rechnen, dass ein freundlicher Verkäufer ein Fachgespräch beginnt [Tel. 88 77 56 00. Mo-Fr 10-18.30, Sa 10-14 Uhr].
Vielleicht haben Sie auch Lust auf Kino bekommen? Das **Cinestar-Kinocenter** in der Kulturbrauerei hat nachmittags fast alle aktuellen Kinderfilme im Angebot. Am Sonntag zahlen Erwachsene den Kinderpreis für Familienfilme [Kartenreservierung Tel. 44 35 44 22, www.cinestar.de. Karten ca. € 4,50-8,50].

Riesenschaukeln
Doch jetzt aber auf zum **Mauerpark**, bevor es dunkel wird. Kaufen Sie noch ein bisschen Picknickproviant im Supermarkt der Kulturbrauerei ein, und gehen Sie die Schönhauser Allee Richtung Norden bis zum U-Bahnhof Eberswalder Straße. Dort links in die Eberswalder Straße einbiegen. Nach rund 200 m kommt der Park in Sicht. Laufen Sie den Hügel zum Mauerdenkmal hinauf, denn dort oben stehen die größten (ca. 3 m) und schönsten Schaukeln der Stadt. Nehmen Sie ordentlich Schwung, und schauen Sie über das 15 ha große Areal. Sonntags findet zu Ihren Füßen am Rande des Parks ein **Flohmarkt** statt, einer der größten und beliebtesten der Stadt. Dazu gibt es Imbiss-Essen aus allen Teilen der Welt und diverse Freiluft-Strandbars. Hinter den Schaukeln wird emsig gepinselt und gesprüht. Nachwuchs-Graffitikünstler üben an einem Rest der Mauer, die hier früher die Bezirke Prenzlauer Berg (Ost) und Wedding (West) trennte. Wenn Sie (bzw. die Kinder) genug geschaukelt haben, gehen Sie den Weg Richtung Norden bis zum großen Spielplatz. Dort haben Kinder Spaß. Erwachsene können ihre Decke auf der Wiese nebenan ausbreiten und das Picknick vorbereiten

[Eberswalder Straße, 10435 Berlin (Prenzlauer Berg), U-Bahn: Eberswalder Straße. Rund um die Uhr ganzjährig geöffnet, Flohmarkt: So 8-18 Uhr]. Gleich nebenan liegt übrigens die **Max-Schmeling-Halle**, in der die Handballer des Erstligisten **Füchse Berlin** ihre Spiele austragen. Vielleicht sind Ihre Kinder schon alt genug, und es ist gerade Bundesligasaison, dann reservieren Sie doch mal Karten und schauen sich ein Spiel an [Cantianstr. 24, 10435 Berlin (Prenzlauer Berg), Ticket-Hotline 300 90 50, info@fuechse-berlin.de, www.fuechse-berlin.de, Max-Schmeling-Halle, Am Falkplatz, 10437 Berlin (Prenzlauer Berg), Tel. 44 30 44 30, www.max-schmeling-halle.de. U-Bahn: Eberswalder Straße. Vorverkaufsstelle in der Halle Mo-Fr 10-18 Uhr, Tages-/Abendkasse 1,5 Std. vor Spielbeginn, Tickets ab € 8/Pers.].

Ziegen, Schafe und Ponys

Wenn sich das Wetter für ein Picknick nicht eignet, gehen Sie den Mittelweg immer weiter Richtung Norden. Nach einer Straßenüberquerung kommt auf der linken Seite ein **Kinderbauernhof**. Dort gibt es jede Menge Kaninchen zum Streicheln, aber auch Ziegen, Schafe und sogar Ponys [Schwedter Str. 90, 10437 Berlin (Prenzlauer Berg), Tel. 44 02 42 20. Mo-Fr 11.30-18, Sa 13-18 Uhr, Eintritt frei]. Hinter dem Bauernhof befindet sich eine 15 m hohe **Kletterwand**, die **Schwedter Nordwand**. Eigentümer ist der Deutsche Alpenverein, dort kann man sich anmelden, wenn man nach oben steigen möchte, vorausgesetzt, es ist eine Ausrüstung vorhanden. Für Kinder und Jugendliche (10-16 J.) finden regelmäßig Klettertermine jeweils am Montag ab 18 Uhr und Mittwoch von 15 bis 18 Uhr statt. Laien haben Spaß am Zuschauen, wie andere den Weg nach oben finden [Anmeldung: Tel. 0172-390 36 90, alpinclub.berlin@t-online.de, www.alpinclub-berlin.de. € 5/Std. u. Pers.].

Der Weg zurück zur U-Bahn ist leicht zu finden. Einfach vom Mauerpark rechts in die Kopenhagener Straße einbiegen. Diese endet an der Malmöer Straße, dort links und die nächste rechts (Dänenstraße) gehen. Immer geradeaus, und nach ca. 300 m steht man vor dem U-/S-Bahnhof Schönhauser Allee. Von hier kommen Sie schnell wieder in die City.

Kolle 37

Mitten in der Stadt Hütten bauen? Das geht auf dem Abenteuerspielplatz „Kolle 37". Dort werden im Sommer auch regelmäßig Lagerfeuer entfacht. Bei Regen können Kinder in der Tischlerei „arbeiten". Oder wie wäre es mit Schmieden? Im Steinkohlen-Schmiedefeuer lässt sich Metall so stark erhitzen, dass es mit dem Hammer geformt werden kann. Geeignet für Kinder von 6 bis 14 Jahren, es gibt auch einen Kleinkinderbereich sowie einen Coffeeshop. Kollwitzstr. 35-37, 10405 Berlin (Prenzlauer Berg), Tel. 442 81 22, kolle37@netzwerk spielkultur.de, www.kolle37.de. U-Bahn: Senefelderplatz. Tägl. 12-18 Uhr, Eintritt frei.

Tour 9: Ausflug in die Theater- und Filmstadt Berlin

Requisitenfundus Adlershof • Berliner Ensemble • Filmmuseum • GRIPS Theater/Schaubude

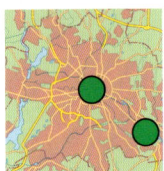

Wo: In Adlershof, Mitte, Tiergarten, Moabit bzw. Prenzlauer Berg – Wie: Zu Fuß und mit öffentlichen Verkehrsmitteln – Dauer: Halbtagesausflug – Nicht vergessen: Stadtplan, Fotoapparat

> **Schweigen und genießen**
> „In 80 Tagen um die Welt" und dabei essen bietet u. a. das **Ethnologische Museum in Dahlem** an. Dort gibt es an den Wochenenden regelmäßig Lesungen aus berühmten Werken für Kinder und Erwachsene. Dazu werden die passenden Gerichte aufgetischt. Arnimallee 27, 14195 Berlin (Dahlem), Tel. 68 08 93 44, info@esskultur-berlin.de, www.esskultur-berlin.de. U-Bahn: Dahlem-Dorf. Treffpunkt: **eßkultur Restaurant** in den Museen Dahlem, Termine tel. erfragen, Erw. € 17, Kinder € 12.

Ihre Kinder lieben Märchen- und Theateraufführungen und schlüpfen selbst gern in fremde Rollen? Dann zeigen Sie Ihnen einmal die Theater- und Filmstadt Berlin. Drei Opernhäuser, fünf staatliche bzw. an den Berliner Senat vermietete Bühnen und unzählige Privattheater sorgen täglich für eine prächtige Auswahl an Stücken für Groß und Klein. Ein Abstecher in den größten Kostümfundus der Stadt ist ein echtes Abenteuer. Dort kann man sich nicht nur verkleiden, sondern die Ritterrüstung auch gleich ausleihen und damit durch die Stadt spazieren. Vielleicht fallen Sie damit später im Filmmuseum gar nicht mal auf. Mit älteren Kindern (ab 6 J.) sollte man nachmittags unbedingt das GRIPS Theater besuchen, jüngere werden das Figurentheater Schaubude Berlin lieben.

Perfekt gekleidet für jeden Anlass: Puppen im Adlershofer Kostümfundus

Kostüme aus allen Epochen
Um zum Startpunkt der heutigen Tour zu gelangen, begeben Sie sich mit Ihrer Familie nach Süden, nach Adlershof. Dorthin kommt man am besten mit der S-Bahn-Linie 8 oder 9. Vom Alexander-

Zehn Touren, die allen Spaß machen

platz bis zum S-Bahnhof Adlershof sind es rund 20 Minuten. Wenn Sie aussteigen, halten Sie sich links. Gleich an der Ecke befindet sich das Gelände der Mediacity, in dem der riesige **Adlershofer Requisiten- und Kostümfundus** untergebracht ist. Historische bis moderne Kleider und Dekorationen aus mehreren Jahrzehnten Fernsehgeschichte werden hier gesammelt. 35.000 Kostüme aller Epochen, Perücken und Accessoires lagern auf einer Fläche von mehr als 3.000 qm. Auch 5.000 historische Möbelstücke warten auf ihren Einsatz. Ursprünglich wurde der Fundus für DDR-Fernsehfilme des Deutschen Fernsehfunks DFF zusammengetragen. Heute lassen sich Film- und Fernsehproduktionen, historische Festumzüge oder Faschingsballveranstalter von diesem riesigen Fundus inspirieren. Aber auch Privatkunden sind willkommen, die Kostüme anzuprobieren und auszuleihen. Stöbern Sie also

Erkannt? Die Kücheneinrichtung aus dem Film „Good Bye, Lenin!"

in Ruhe in den riesigen Kellerräumen, und bewundern Sie sich als Charlie Chaplin verkleidet oder in einer DDR-Volkspolizisten-Uniform. Diese wurden u.a. in bekannten Filmen wie „Good Bye, Lenin!" von Wolfgang Becker verwendet. Und wer freundlich fragt, darf sogar sich als „Vopo" und die Kinder, kostümiert als Prinzessin oder Ritter, fotografieren – ein tolles Souvenir [Ernst-Augustin-Str. 7 (Eingang Rudower Chaussee), 12489 Berlin (Adlershof), Tel. 67 04 42 22, info@fundus-berlin.de, www.fundus-berlin.de. S-Bahn: Adlershof. Mo-Fr 7.30-16 Uhr. Kostüm ab € 25/Woche]!

Blick hinter die Kulissen

*Wer möchte mal in einem echten Opernhaus hinter die Kulissen schauen? An Samstagnachmittagen führt ein Mitarbeiter der **Deutschen Oper** Familien durch die Werkstätten, über die Bühne und in das Bühnenbildmagazin. Rechtzeitig anmelden! Bismarckstr. 35, 10627 Berlin (Charlottenburg), Tel. 34 38 42 25, jenss@deutscheoperberlin.de, www.deutscheoperberlin.de. U-Bahn: Dt. Oper. Termine tel. erfragen, Dauer: 90 Min., € 5/Pers.*

Mittagstisch bei Schauspielern

Nach dem Abenteuer im Kostümfundus geht es zurück in die City. Jetzt ist es Zeit für ein Mittagessen in der preisgünstigen **Theaterkantine des Berliner Ensembles**. Hier speisen Sie gemeinsam mit den Schauspielern und technischen Mitarbeitern des bekannten Brecht-Theaters. Fahren Sie mit der S 8 oder 9 bis zum Bahnhof Friedrichstraße und nehmen dort den Ausgang in Fahrtrichtung. Eine Brücke führt Sie über die Spree, auf der anderen Seite biegen Sie rechts ab. Nach 50 m sehen Sie schon links das Berliner Ensemble am Schiffbauerdamm. Gehen Sie am Haupteingang vorbei und dann links durch ein Tor. Schräg vor sich sehen Sie eine Kellertreppe, die ins Souterrain führt. Dort befindet sich die Kantine. Vielleicht treffen Sie ja sogar Claus Peymann, den Theaterdirektor [Bertolt-Brecht-Platz 1, 10117 Berlin (Mitte), Tel. 20 40 80. U-/S-Bahn: Friedrichstraße. Mo-Sa 9-24, So 16-24 Uhr].

Echt filmreif

Nach der Stärkung begeben sich alle wieder ans Tageslicht. In rund 15 Minuten gelangen Sie vom Berliner Ensemble zum **Film- und Fernsehmuseum** am Potsdamer Platz. Dort zeigt eine tolle

Akrobatennachwuchs: Turnen und viel mehr lernt kind beim Zirkus Cabuwazi

Zehn Touren, die allen Spaß machen | 77

> ### Zirkusschule
> Akrobatik und atemberaubendes Schauspiel bieten Kinder und Jugendliche im **Cabuwazi Kinderzirkus**. Dort lernen sie nicht nur jonglieren und seiltanzen, sondern zeigen ihr Können später vor zahlendem Publikum – beim akrobatischen Märchen „Zwerg Nase" etwa turnen sogar schon Minis ab 4 Jahren mit. Beim offenen Training können nen auch Besucher mitmachen. Bouchéstr. 75, 12435 Berlin (Treptow), Tel. 530 00 40, info@cabuwazi.de, www.cabuwazi.de. U-Bahn: Görlitzer Bahnhof. Training, z.B. in der Schatzinsel (May-Ayim-Ufer 2, U-Bahn: Schlesisches Tor), Mo 15-18, Fr 15-17 Uhr (für Kinder unter 10 J.), Teilnahme kostenlos, aktuelle Termine und Ferienworkshops (ab € 3/Pers.) sind auf der Homepage zu finden.

Ausstellung, wie die Bilder laufen lernten. Folgen Sie dem Schiffbauerdamm am Ufer der Spree westwärts bis zum Reichstag, dort links abbiegen, vorbei am Brandenburger Tor, dann sehen Sie schon das imposante Zeltdach des Sony Centers. Der Eingang zum Filmmuseum befindet sich direkt unter dem Dach auf der Südseite. Ein Spiegelparcours führt die Besucher in die Welt des Zelluloids. In Themenräumen und Regalen mit Schubladen präsentieren sich Geschichten und Biografien berühmter Regisseure und Schauspieler [Potsdamer Str. 2, 10785 Berlin (Tiergarten), Tel. 300 90 30, info@deutsche-kinemathek.de, www.filmmuseum-berlin.de. U-/S-Bahn: Potsdamer Platz. Di-So 10-18, Do 10-20 Uhr, Erw. € 6, Schüler € 3, Kinder bis 6 Jahre frei, Familien € 12].

Theater mit Grips
Der krönende Abschluss dieser Tour wäre für die Kids natürlich der Besuch einer Theateraufführung. Besorgen Sie sich für den Nachmittag Karten für das **GRIPS Theater** in Moabit. Hier wird Theater für Kinder ab sechs Jahren gespielt. Bekannt geworden ist das Ensemble besonders durch das Stück „Linie 1", das immer mal wieder auf dem Spielplan steht. Zum GRIPS nehmen Sie die S-Bahn Richtung Friedrichstraße, steigen dort um in eine der S-Bahnen, die überirdisch gen Westen fahren, und steigen am Bahnhof Straße des 17. Juni aus. Die Klopstockstraße, die zum Theater führt, verläuft parallel zum S-Bahn-Viadukt. Gehen Sie die Straße 200 m entgegen der Fahrtrichtung zurück, schon sind Sie da. Das Theater befindet sich im Gebäudetrakt des U-Bahnhofs Hansaplatz [Altonaer Str. 22, 10557 Berlin (Moabit), Kartentel. 39 74 74 77, info@grips-theater.de, www.grips-theater.de. U-Bahn: Hansaplatz. Kassenöffnung Mo-Fr 12-18, Sa, So 11-17 Uhr. Vorstellungen Mo-Fr 10 u. 16, Sa, So 16 Uhr, unregelmäßig auch 19.30 Uhr, während der Berliner Schulferien nur nachmittags u. abends, Erw. € 9-18, Kinder € 6-10].

Kunstvolles Puppenspiel
Eine Alternative für die ganz kleinen Berlinurlauber ist eine Aufführung im **Figurentheater Schaubude Berlin** im

Prenzlauer Berg, jedoch finden Nachmittagsvorstellungen nur am Wochenende statt. Gespielt werden Märchenstücke, aber auch Eigenproduktionen mit fantasievoll gefertigten Puppen. Für Jugendliche und Erwachsene werden abends Shakespeare-Stücke aufgeführt: „Romeo und Julia" als Figurenschauspiel ist ein echtes Erlebnis [Greifswalder Str. 81-84, 10405 Berlin (Prenzlauer Berg), Tel. 423 43 14, ticket@schaubude-berlin.de, www.schaubude-berlin.de. S-Bahn: Greifswalder Straße. Kassenöffnung Mo-Fr 10-16 Uhr, Sa, So 1 Std. vor Beginn, Vorstellungen Di-Do 10, Sa, So 15 Uhr, Erw. € 6, Kinder € 4; Abendvorstellungen Fr-So 20 Uhr, Erw. € 9,50-12,50, Schüler € 6-8].

Wer lieber abends ins Theater geht, dem sei noch das Hexenkessel-Hoftheater (siehe Tour 10, S. 80) in Mitte empfohlen: Die Shakespeare-Stücke sind auch für Schulkinder verständlich – im Freilichttheater macht der Theaterbesuch noch mehr Spaß!

> ## Puppen-Theater-Museum Berlin
> *Eine beeindruckende Sammlung an Handpuppen, Schattentheater- und Stabfiguren sowie Marionetten bietet ein kleines Museum in Neukölln. Bei den täglich stattfindenden einstündigen Führungen (genaue Uhrzeit bitte tel. erfragen) werden die Puppen vorgestellt und ihre Geschichte erklärt. Regelmäßig gibt es auch Puppentheater-Vorführungen, Märchenlesungen und Taschenlampenführungen im Dunkeln. Karl-Marx-Str. 135, 12043 Berlin (Neukölln), Tel. 687 81 32, info@puppentheater-museum.de, www.puppentheater-museum.de. Mo-Fr 9.30-15, So 11-17 Uhr, Erw. € 3, Kinder 2,50.*

„Wolkenschiff", inszeniert vom Figurentheater Katinkaspringinsfeld, in der Schaubude

Tour 10: Mit dem Schiff auf der Spree und dem Landwehrkanal

Historischer Hafen • East Side Gallery • Potsdamer Platz • Schloss Charlottenburg • Tiergarten

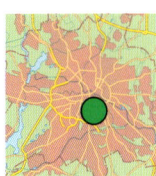

Wo: In Mitte, Charlottenburg, Kreuzberg – Wie: Zu Fuß und mit dem Schiff – Dauer: Halbtagesausflug– Nicht vergessen: Im Sommer Sonnencreme

Ein Ausflugsdampfer der Stern- und Kreisschifffahrt vorm Hauptbahnhof

Berlin ist eine Stadt am Wasser. Über 500 Uferkilometer bieten jede Menge Zeitvertreib für Spaziergänger, Schwimmer und Wassersportler. Auch der Schiffsverkehr mit Ausflugsdampfern lässt keine Wünsche offen. Im Sommer touren sie im Stundentakt durch die City, und der Kapitän erklärt die Sehenswürdigkeiten mit original Berliner Schnauze. Die Schiffe durchqueren die Stadt in jede erdenkliche Richtung und zeigen sie aus einer ganz ungewöhnlichen Perspektive. Was liegt näher, als einmal an Bord zu gehen und Berlin vom Wasser aus kennenzulernen? Damit sich Groß und Klein zwischendurch nicht langweilen oder gar seekrank werden, können sie jederzeit aussteigen, sich in Shoppingmalls oder Schlössern umschauen – und nach Belieben in das nächste Schiff einsteigen und weiterfahren.

Historische Kähne

Zur Einstimmung auf die Schiffstour durch die Hauptstadt werfen Sie einen Blick in die Vergangenheit, und zeigen Sie Ihren Kinder die Oldtimer-Ausflugsboote, die neben alten Schleppschiffen und Lastkähnen im **Historischen Hafen** an der Fischerinsel vor Anker liegen. Dorthin gelangt man am besten mit der U 2. Steigen Sie am U-Bahnhof Märkisches Museum aus, und folgen Sie der Beschilderung Richtung Inselstraße. Am Ausgang links über die Straße gehen, dann rechts halten. Wenn Sie an der nächsten Kreuzung links in die Inselstraße abbiegen, sehen Sie schon am Spreeufer die Kähne im Wasser düm-

Per Schiff lassen sich fast alle Sehenswürdigkeiten der City abklappern

peln. Hier liegen echte Raritäten, manche sind über hundert Jahre alt. Besonders hübsch ist der Dampfschlepper „Andreas" aus dem Jahr 1950, der auch regelmäßig auf Tour geht. Auf dem Kahn „Renate-Angelika" gibt es eine interessante **Ausstellung zur Binnenschifffahrt** auf Spree und Havel [Inselstraße, 10179 Berlin (Mitte), Tel. 21 47 32 57. Öffnungszeiten der Ausstellung bitte telefonisch erfragen, Eintritt frei]. Und wer Lust auf ein zweites Frühstück hat, kann im **Deckshaus** des betagten **Heckradschleppers „Jeseniky"** deftige Sprotten oder Buletten mit Kartoffelsalat verspeisen. Der Besitzer hat ganz nach Seemannsart immer einen flotten Spruch parat [Märkisches Ufer 1, 10179 Berlin (Mitte), Tel. 0174-871 51 07, info@deckshaus.de, www.deckshaus.de, U-Bahn: Märkisches Museum. Tägl. ab 12 Uhr].

Auf der Spree ...

Haben Sie genug gesehen, schlendern Sie am Spreeufer entlang in östlicher Richtung. Sie überqueren die Jannowitzbrücke und gehen links zum Schiffsanleger. Von hier starten die **Ausflugsdampfer der Stern- und Kreisschifffahrt** zu Rundfahrten über die Spree und den Landwehrkanal. Nehmen Sie am besten ein Schiff, das in Richtung Charlottenburg fährt. Zwischen 10 und 16 Uhr fah-

---

Theater an der Spree

Wenn Sie einen Babysitter organisieren oder Ihre Kinder schon alt genug sind, sollten Sie im Sommer eine abendliche Shakespeare-Vorstellung im Hexenkessel-Hoftheater am Ufer der Spree nicht verpassen. Während die Wellen plätschern, geben die Schauspieler vom Hoftheater bei Stücken wie „Romeo und Julia" ihr Bestes unter freiem Himmel. Einen frischeren Kulturgenuss gibt es nicht. Achtung: Vergessen Sie nicht den Regenschirm! **Hexenkessel-Hoftheater**, Am Monbijoupark, 10178 Berlin (Mitte), Tel. 24 04 86 50, info@hexenkessel-hoftheater.de, www.hexenkessel-hoftheater.de. Juni-Sept tägl. 20 Uhr, Erw. € 15, Kinder € 12.

ren teilweise mehrmals stündlich Schiffe ab, allerdings halten nicht alle am Potsdamer Platz. Genießen Sie die frische Brise auf dem Wasser und natürlich die Stadtlandschaft während der rund dreieinhalbstündigen Fahrt [Anleger Jannowitzbrücke, Tel. 536 36 00, info@stern undkreis.de, www.sternundkreis.de. Schiffsverkehr April-Okt ca. 10-16 Uhr, Rundfahrt Erw. € 17,50, Kinder € 8,75, Tickets vorab oder an Bord]. Zunächst schippert der Dampfer parallel zur S-Bahn auf der Spree Richtung Kreuzberg. Links sehen Sie die **East Side Gallery**, Berlins längste Freiluftgalerie, auf einem ehemaligen Stück DDR-Mauer. Die Graffiti auf der 1,3 km langen Betonwand sind allerdings später draufgemalt worden. Zu DDR-Zeiten wäre das gar nicht möglich gewesen, da sich dieses Mauerstück im Ostteil der Stadt befand und streng bewacht wurde. Links und rechts am Ufer öffnen während der Sommermonate jede Menge Strandbars. Hier relaxen die Berliner Tag und Nacht in Liegestühlen, elektronische Musik wabert aus unsichtbaren Boxen.

... und dem Landwehrkanal

Die schönste Brücke der Stadt, die 1896 eingeweihte Oberbaumbrücke, kommt nun in Sicht. Kurz vor den **Molecule Men** (siehe auch Tour 1, S. 36) biegt das Schiff in den Landwehrkanal ein. Schlagartig wird die Atmosphäre heimeliger, der Kanal ist nämlich viel schmaler als die Spree. Dicht bewachsen sind die Ufer, überall lassen Weiden ihre Zweige ins Wasser hängen, Bewohner sitzen auf den Bänken und lesen oder trinken Bier. Hier haben viele auch tagsüber Zeit, sich in Muße zu üben. **SO 36**, wie dieser Teil Kreuzbergs im Volksmund genannt wird, ist der Kiez mit der höchsten Arbeitslosigkeit in Berlin, aber auch viele Künstler und Kreative leben hier. Der Spitzname ist dem historischen Namen des Berliner Zustellbezirks Südost 36 zu verdanken.

Dienstag- und freitagnachmittags findet am linken Spreeufer, direkt an der Kottbusser Brücke, ein großer **Türkenmarkt** statt. Weit tönen die Rufe der türkischen Händler, die ihre Ware feilbieten. Kistenweise kaufen Großfamilien Gemüse und Obst ein. Hühnchen werden im Dutzend billiger feilgeboten. Aber auch einige Feinkoststände mit handgemachter Pasta oder Biobrot haben sich auf dem Markt

Mauerdurchbruch: Kunst in der East Side Gallery

etabliert, eine Reminiszenz an die genussorientierte Akademikerbohème im Bezirk [Am Maybachufer, 10999 Berlin (Neukölln), U-Bahn: Schönleinstraße. Di, Fr 14-18 Uhr]. Weiter geht es, vorbei am Urbankrankenhaus mit dem hässlichen Bettenturm. Umso idyllischer wirken die holländischen Segelschiffe, die davor vor Anker liegen.

Dschungel aus Lego

Nach rund einer Stunde an Bord ist der **Potsdamer Platz** erreicht mit seinen markanten Hochhäusern und dem **Sony Center** (siehe auch Tour 4, S. 52). Wer mag, kann hier aussteigen, eine Pause an Land einlegen und mit dem nächsten Schiff weiterfahren. Die Tickets für die Rundfahrt bleiben den ganzen Tag gültig. Im Sony Center haben Kids viel Spaß im 3.500 qm großen **Legoland Discovery Centre**. Eine Dschungellandschaft mit Pflanzen und Tieren aus Lego sowie Sehenswürdigkeiten wie das Brandenburger Tor im Maßstab 1:45 begeistern auch Erwachsene [Sony Center, Potsdamer Platz, 10785 Berlin (Tiergarten), Tel. 301 04 00, info@legolanddiscoverycentre.com, www.legolanddiscoverycentre.com. Tägl. 10-18 Uhr, Erw. € 17,95, Kinder € 14,95 (Online-Tickets ab € 7)]. Oder wie wäre es mit einem Besuch im **Imax**? Filme in 3-D-Optik setzen Natur und Wissenschaft beeindruckend in Szene [CineStar Berlin – IMAX 3D im Sony Center, Potsdamer Str. 4, 10785 Berlin (Tiergarten), Tel. 26 06 64 00, www.cinestar-imax.de. Erw. € 13,50, Kinder bis 12 J. 8,50, Di ist Familientag, es gilt für alle ein ermäßigter Tarif].

Im Untergeschoss der **Potsdamer Platz Arkaden** können Sie in einem der zahl-

Schloss Charlottenburg: Wie lebten hier wohl Sophie Charlotte und Friedrich?

reichen Imbissrestaurants vergleichsweise gut und günstig zu Mittag essen. Wieder an Bord, ist es vom Potsdamer Platz nicht mehr weit bis zum Tiergarten, wo linker Hand im Zoo die Bären brüllen (siehe Tour 3, S. 48).
Durch die Schleuse geht es vorbei an einigen Hausbooten, die friedlich auf den Bugwellen der vorbeifahrenden Schiffe schaukeln. Nun mündet der Landwehrkanal wieder in die Spree, dort befindet sich das Kraftwerk Reuter, das einen Teil der Berliner mit Strom versorgt. Kurz bevor das Schiff den **Schlosspark** des **Schlosses Charlottenburg** passiert, ist es Zeit, von Bord zu gehen.

Rundgang durchs Schloss

Nach dem Aussteigen gehen Sie über die Brücke zum Schloss. Der an das französische Schloss in Versailles erinnernde Bau wurde Ende des 17. Jh. bis Mitte des 18 Jh. errichtet, und zwar als Sommerhaus für Sophie Charlotte, der späteren Königin von Preußen und Gattin Friedrichs I. Nach ihrem Tod 1705 mit nur 35 Jahren nannte der König ihr zu Ehren das Schloss und die benachbarte Ortschaft Charlottenburg.
Später, 1709-12, entstand die Orangerie, der Kuppelturm kam 1710 hinzu. Heute ist das Schloss 505 m lang, und die ehemaligen Wohnräume des Königspaares können besichtigt werden. Der Festsaal, Große Eichengalerie genannt, ist ein Traum, auch der Blick vom Schlossturm in den prachtvollen Garten im französischen Barockstil beeindruckt [Spandauer Damm 10-22, 14059 Berlin (Charlottenburg), Tel. 32 09 11. Altes Schloss: Nov, Dez Di-So 9-17, Kassenschluss 17 Uhr; Jan-März Di-So 10-17, Kassenschluss

Der Barockgarten von Schloss Charlottenburg lädt zum Flanieren ein

16.30 Uhr; April-Okt Di-So 10-18, Kassenschluss 17.30 Uhr, Erw. € 10, Kinder € 7. Neuer Flügel: Nov, Dez Di-So 10-17, Kassenschluss 17 Uhr; Jan-März Mi-Mo 10-17, Kassenschluss 16.30 Uhr. April-Okt Mi-Mo 10-18, Kassenschluss 17.30 Uhr, Erw. € 6, Kinder € 5 (mit Audio-Guide)].
Im Geiste sieht man die adeligen Damen mit ihren feinen Röcken flanieren, einen Sonnenschirm im Arm oder ein Hündchen. So fein säuberlich geordnet ist längst nicht der ganze Schlosspark. Weiter hinten in der Nähe des Mausoleums von Königin Luise, der Frau von Friedrich Wilhelm III., wandelt sich das Grün zu einem wilderen Garten mit vielen Wiesen und hohen Bäumen. Hier toben Kinder, spielen Federball oder machen mit ihren Eltern Picknick. Jogger drehen ihre Runden, ein richtiger Volkspark eben. Hinter Karpfenteich und Belvede-

> ### Gipsformerei
> *Wer sich Königin Luise ins Wohnzimmer stellen möchte, ist hier richtig. Gipsabgüsse von Büsten und Standbildern berühmter Königinnen und Könige Preußens können ganz in der Nähe vom Schloss Charlottenburg nicht nur besichtigt, sondern auch käuflich erworben werden. 7.000 Formen für Repliken sind im Angebot! Sophie-Charlotten-Str. 17-18, 14059 Berlin (Charlottenburg), gf@smb.spk-berlin.de, www.smb.museum/gf. S-Bahn: Westend. Mo-Fr 9-16, Mi 9-18 Uhr. Eintritt frei.*

re, einem 1788 von Carl Gotthard Langhans erbauten Aussichtspavillon, in dem sich heute die Porzellansammlung des Landes Berlin befindet, liegt auch ein Kinderspielplatz. Sehr hübsch sitzt man im Sommer auf der Terrasse der Orangerie, in der sich ein **Café-Restaurant** befindet [Kleine Orangerie, Spandauer Damm 20, 14059 Berlin (Charlottenburg), Tel. 321 60 89, info@gastro-kontor.de, www.kleineorangerie.de. S-Bahn: Westend. Mai-Okt tägl. ab 9, Nov-April Di-So 10-20 Uhr].

Grillen erlaubt

Wieder an der Anlegestelle, fahren Sie mit dem nächsten Ausflugsschiff auf der Spree Richtung Mitte. Das Ticket, das Sie anfangs gekauft haben, gilt immer noch. Bei einem Eis an Deck können Sie die schöne Bebauung an den Ufern bewundern. Die meisten Häuser im Stadtteil Moabit sind hundert Jahre alt und haben den Krieg überstanden. Rechter Hand taucht bald der **Tiergarten** auf. Hier können Sie am Haus der Kulturen der Welt, einem Kulturzentrum des Bundes (siehe auch Tour 1, S. 35), aussteigen und einen Spaziergang durch den Park anvisieren. Berühmt ist die **Grillwiese** hinter dem Haus der Kulturen der Welt. Hier wird mitunter sogar ein Hammel am Spieß gebraten oder Sirtaki getanzt. Zugezogene Berliner aus aller Welt genießen auf ihre Art den Sommer unter freiem Himmel. Vielleicht haben Sie und die Kids auch Lust zu grillen? Am Bahnhof Friedrichstraße gibt es im Edeka-Markt Einweggrills zu kaufen. Dort finden Sie auch den Proviant für ein Picknick im Park [John-Foster-Dulles-Allee, Bus 100, Haltestelle: Haus der Kulturen der Welt].

> ### Einkehr am See
> *Wer keine Lust auf Grillen oder ein Picknick im Park hat: Das **Café am Neuen See** im südwestlichen Teil des Tiergartens bietet sich für einen angenehmen Ausklang des Tages an. Das Restaurant mit großem Biergarten ist an Sonntagen auch für Berliner ein beliebtes Ziel. Kein Wunder, machen doch Ruderboote und Steaks vom Grill den Aufenthalt so angenehm wie möglich. Lichtensteinallee 2, 10787 Berlin (Tiergarten), Tel. 25 44 93 00. Bus 100, Haltestelle: Nordische Botschaften. Tägl. 10-23 Uhr.*

DIE TOLLSTEN ATTRAKTIONEN FÜR KINDER

Loxx am Alex

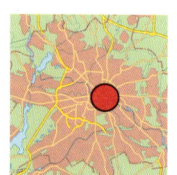

Eine der größten digital gesteuerten Modelleisenbahnen befindet sich im neuen Einkaufszentrum Alexa am Alexanderplatz.

Das Meer an Schienen, Zügen und die Berliner Stadtlandschaft en miniature fasziniert nicht nur Kinder. Sogar einen Flughafen mit startenden und landenden Flugzeugen gibt es auf dem rund 1.000 qm großen Areal zu entdecken. Außerdem wird das Berliner Wetter fantasievoll simuliert: Es regnet und gewittert stündlich. Mehr als 4 km Zugstrecke wurden verlegt, ICEs fahren im Minutentakt. Einige Züge dürfen Kinder und Erwachsene auch selbst steuern. Kein Wunder, dass besonders Väter häufig mit ihren Sprösslingen hier anzutreffen sind.

> ### Stadtmauer
> Der letzte Rest Stadtmauer liegt abseits, jedoch ganz in der Nähe des Alexanderplatzes. Zwischen Litten- und Waisenstraße befindet sich ein kleines Stück, das daran erinnert, dass hier früher die Stadt endete. Im Mittelalter schützte die Mauer die damalige Stadt Berlin-Cölln vor Feinden. Die S-Bahn fährt von Jannowitzbrücke bis Hackescher Markt genau dort, wo früher die Stadtmauer verlief.

Loxx am Alex, im ALEXA (Alexanderplatz), 10179 Berlin (Mitte), Tel. 44 72 30 22, info@loxx-berlin.de, www. loxx-berlin.de. U-/S-Bahn: Alexanderplatz. Tägl. 10-20 Uhr, Erw. € 12, Kinder ab 1 m Körpergröße bis 14 J. € 7,50, Familien (2 Erw., 3 Kinder) € 30.

Loxx am Alex: Berlin im Miniformat

Flugzeugoldtimer und noch viel mehr können Kids im Technikmuseum bestaunen

Deutsches Technikmuseum

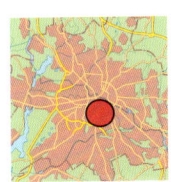

Eine der weltweit größten Sammlungen zur Technikgeschichte fasziniert jedes Jahr Zehntausende Besucher. Hunderte von historischen Maschinen, Autos, Flugzeugen, Schiffen und Lokomotiven sind auf dem Gelände eines alten Güterbahnhofs versammelt. Auch eine historische Brauerei gibt es sowie Schauwerkstätten, in denen man allerhand ausprobieren kann. Schon in der Eingangshalle beginnt das Abenteuer. Da rattert ein mechanischer Bandwebstuhl von 1920, und ein Dieselmotor von 1921 zischt. Mithilfe von Schildern werden die Besucher zu den Bereichen des riesigen Komplexes gelotst.

> **Blätter pressen**
> *Papier schöpfen und selbst bedrucken können Groß und Klein in der Papierwerkstatt des Technikmuseums. In historischen Pferdetrögen, aus denen früher die Arbeitstiere ihr Futter fraßen, wird der milchige Papierbrei angerührt, der später handgeschöpfte Blätter ergibt. In der Druckwerkstatt wiederum steht eine hölzerne Presse aus dem 17. Jh. zum Ausprobieren bereit. Oder wie wäre es mit einem kunstvollen Druck auf einer gusseisernen Presse aus dem 19. Jh.?*

Wunder der Technik

In der Abteilung Produktionstechnik können Sie zuschauen, wie Schmuck hergestellt wird: In der 200 qm großen Schmuckwerkstatt wird an historischen Maschinen geprägt, gepresst, gestanzt, geschliffen, graviert und poliert. Mit seinen 1.500 Exponaten zur Schifffahrtsgeschichte und 40 Flugzeugen ist der Neubau auch sehr verlockend (siehe auch Tour 4, S. 52). Autofans sind im Depot des Güterbahnhofs nebenan an der richtigen Adresse. 70 Oldtimer, Motorräder, Kutschen und Leichenwagen sind zu bestaunen, aber auch experimentelle Schwimm- oder Stromlinienwagen. In der historischen Lokschuppenanlage von 1874 stehen auf 34 Gleisen insgesamt 40 echte Schienenfahrzeuge. In etliche kann man auch hineinklettern.
Im Science-Center „Spectrum", das sich im Portalbau gegenüber dem Neubau befindet, kommt man im Rahmen von 250 Experimenten Naturphänomenen auf die Spur. Da heißt es: ausprobieren, Knöpfe drücken, Gewichte messen oder Stromkreisläufe erzeugen.
Doch das Museum hat noch viel mehr zu bieten: Das Areal ist so groß, dass Sie es kaum an einem Tag besichtigen können.

> **Alles Zucker**
> Im **Weddinger Zuckermuseum**, einer Außenstelle des Technikmuseums, erwartet Sie eine interessante – und kostenlose – Ausstellung zur Geschichte der beliebten Naschgrundlage. Tipp: Sonntags um 14.30 Uhr kann man zuschauen, wie Blumen, Bonbons und Skulpturen aus Zuckersand entstehen (Anmeldung erforderlich). Zuckermuseum, Amrumer Str. 32, 13353 Berlin (Wedding), Tel. 31 42 75 74, zuckermuseum@sdtb.de, www.sdtb.de. U-Bahn: Amrumer Straße. Mo-Do 9-16.30, So 11-18 Uhr. Eintritt frei.

Suchen Sie sich am besten die Themen aus, die Sie am meisten interessieren.

Deutsches Technikmuseum, Trebbiner Str. 9, 10963 Berlin (Kreuzberg), Tel. 90 25 40, info@dtmb.de, www.dtmb.de. U-Bahn: Gleisdreieck. Di-Fr 9-17.30, Sa, So 10-18 Uhr, Erw. € 4,50, Kinder € 2,50.

Zoologischer Garten Berlin

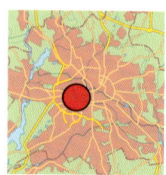

Zwei Superlative in einer Stadt: Der weltweit artenreichste Zoo und der größte Landschaftstiergarten Europas (siehe S. 93) zeigen Tiere aus allen Kontinenten. Die Wahl zwischen beiden fällt schwer. Fast 14.000 Tiere leben im Zoologischen Garten in der Nähe des Ku'damms (siehe auch Tour 3, S. 48). Berühmt wurde er vor allem durch Eisbär Knut, der mittlerweile ein ausgewachsenes Raubtier ist. Doch auch viele andere Tiere faszinieren, etwa die Gorillas und Schimpansen im Affen- oder die Flughunde im Nachttierhaus. Dort leben Tiere, die tagsüber schlafen, daher ist es dort stockdunkel, und die Bewohner sind putzmunter. In der Nacht wird dann das Licht angeschaltet, damit Fledermäuse und Wüstenfüchse in Ruhe schlafen können. Halten Sie sich am besten aneinander fest, denn in der Dunkelheit kann man sich leicht verlieren, und hinterher die Kinder wieder einzusammeln ist gar nicht so einfach.

Offensichtlich fühlen sich viele Bewohner hinter Gittern und Zäunen so wohl, dass sie sich kräftig vermehren. 2010 wurde sogar ein Nilpferdbaby geboren. Zu guter Letzt gibt's auch noch Tiere zum Anfassen: Im Streichelzoo fressen freche Ziegen den Kindern das Futter vom Automaten aus der Hand.

Apropos: Natürlich warten überall im Park Eis- und Würstchenbuden sowie ein Restaurant auf hungrige Besucher. Und ein Tipp für ältere Kinder: Wer nicht nur von Tierart zu Tierart sprinten möchte, erkundigt sich an der Kasse nach den diversen Fragebögen und Materialien zu Themenrundgängen und Zoorallyes, mit denen sich der Zoobesuch spannend gestalten lässt.

Orang-Utan-Mama mit Nachwuchs im Zoologischen Garten

Ein Schiff für Kids

Vielen Kindern sind die Tiere herzlich egal, sobald sie etwa in der Mitte des Zoos das Walross entdeckt haben. Ein großartiges **Spielplatzschiff** *mit 6 m hoher Galionsfigur lädt kleine Entdecker zu Forschungsreisen ein. In den Kajüten kann man ungestört spielen, denn Eltern passen dort nicht hinein. Außerdem gibt es jede Menge Rutschen, Kettenzüge, Kletterseile und vieles mehr.*

Zoologischer Garten Berlin, *Hardenbergplatz 8, 10787 Berlin (Charlottenburg), Tel. 540 10, info@zoo-berlin.de, www.zoo-berlin.de. U-/S-Bahn Zoologischer Garten. Ende März-Mitte Sep tägl. 9-18.30, Mitte Sep-Ende Okt 9-17.30, Ende Okt-Ende März 9-16.30 Uhr, Erw. € 12, Kinder (5-15 J.) € 6, ab 16 J. € 9; Familien: 1 Erw., Kinder bis 15 J. € 20; 2 Erw., 3 Kinder bis 15 J. € 32.*

Aquarium

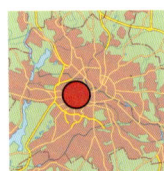

Direkt neben dem Zoologischen Garten erstreckt sich eine fantastische Unterwasserwelt. Mit 4.500 Tieren aus rund 400 Arten gehört das Berliner Aquarium zu den artenreichsten der Welt. Sogar Haie gibt es und natürlich Nemos Verwandte, die Clown- oder Anemonenfische. Quallen werden in speziellen Becken mit ständiger Ausströmungs- und Ansauganlage gezeigt, denn sonst würden sie nicht im Wasser schweben können. Und wussten Sie, dass der Zitteraal so heißt, weil er andere mit Stromstößen zum Zittern bringen kann? Eine Anzeige über seinem Becken zeigt die Stromspannung an: 20 bis 30 Stromstöße kann er pro Sekunde aussenden. Sie helfen dem kurzsichtigen Aal, sich zu orientieren. Im ersten Stock sind Schlangen und Echsen zu Hause, im zweiten wimmelt es von Insekten und Spinnen aller Art. Die giftige Schwarze Witwe sieht richtig gruselig aus. Schaufütterungen von Krokodilen, Rochen & Co werden tagesaktuell an der Kasse angekündigt, um den Hunger der Menschenkinder kümmert sich die Cafeteria.

> ### Aquarium bei Nacht
> *Im Dunkeln Fische und Quallen beobachten können Kinder von Oktober bis März an einem Freitag im Monat um 18.15 Uhr während einer Taschenlampenführung. Im schwachen Schein der Lampen zeigt ein Mitarbeiter des Aquariums, was sich alles tut, wenn die Besuchszeiten vorbei sind und sich die Fische schlafen legen. Tun sie das überhaupt? Erw. € 20, Kinder € 14 inkl. Eintritt ins Aquarium.*

Aquarium Berlin, Budapester Str. 32, 10787 Berlin (Charlottenburg), Tel. 25 40 10, info@aquarium-berlin.de, www.aquarium-berlin.de. U-Bahn: Wittenbergplatz. Tägl. 10-18 Uhr, Erw. € 12, Kinder (5-15 J.) € 6, ab 16 J. € 9; Familien: 1 Erw., 3 Kinder bis 15 J. € 20; 2 Erw., 3 Kinder € 32. Kombiticket für Zoo und Aquarium: Erw. € 18, Kinder (5-15 J.) € 9, ab 16 J. € 14; Familien: 1 Erw., 3 Kinder bis 15 J. € 30; 2 Erw., 3 Kinder € 45.

Der Färberfrosch ist eigentlich in subtropischen Regenwäldern beheimatet

Labyrinth Kindermuseum

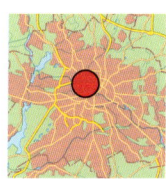

Eine Ausstellung, in der nach Herzenslust getobt werden darf, ist selten. Im Labyrinth dagegen sind Anfassen und (Be-)Greifen ausdrücklich erlaubt. Dass Kinder gerade beim Spielen am besten lernen, liegt für die Museumspädagogen auf der Hand. Verschiedene Stationen laden Mädchen und Jungen ab drei Jahren zum Erforschen, Bewegen, Nachdenken, Experimentieren und Spielen ein. Da muss man sich etwa Karten merken, die ein anderes Kind in einer bestimmten Reihenfolge an eine Leine gehängt hat, oder es müssen Schatten von Gebäuden entschlüsselt werden. Welches Haus steckt dahinter? Da in der Ausstellung viele Teppiche und Stoffe verwendet werden, sollte man Hausschuhe oder Stoppersocken mitbringen.

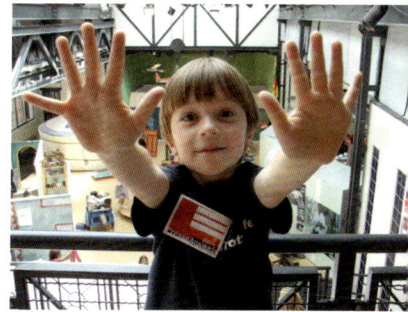

Im Labyrinth haben Kids ab drei Jahren Spaß am Experimentieren

In dem Gebäude der ehemaligen Zündholzfabrik befindet sich übrigens nicht nur das Labyrinth, sondern auch ein Café sowie ein Theater und Werkstätten. Jeden zweiten Sonntag gibt es von Mai bis Oktober einen Baby-Flohmarkt und Kindertheater-Vorstellungen (13-16 Uhr).

> ### Musiktheater
> *Im Wedding ist auch das **Atze**, Deutschlands größtes Kindertheater, zu Hause. Musicals wie „Ben liebt Anna", „Oh wie schön ist Panama" oder „Eine Woche voller Samstage" werden fast täglich aufgeführt. Für Kinder ab 5 Jahren. Luxemburger Str. 20, 13353 Berlin (Wedding), Tel. 817 991 88, tickets@atzeberlin.de, www.atzeberlin.de. U-Bahn: Amrumer Straße. Erw. € 8-13, Kinder € 7,50-11,10.*

Labyrinth Kindermuseum, Osloer Str. 12, 13359 Berlin (Wedding), Tel. 800 93 11 50, kontakt@labyrinth-kindermuseum.de, www.labyrinth-kindermuseum.de. U-Bahn: Prinzenallee. Di-Sa 13-18, So 11-18 Uhr, während der Berliner Schulferien Di-Fr 9-18, Sa 13-18, So 11-18 Uhr, Erw. € 4,50, Kinder bis 14 J. € 4,50, Familien € 13.

Fabrik Osloer Straße e.V., Osloer Str. 12, 13359 Berlin (Wedding), Tel. 493 20 97, info@fabrik-osloer-strasse.de, www.fabrik-osloer-strasse.de. U-Bahn: Osloer Straße. Mo, Di, Do, Fr 9.30-14.30, Mi 9.30-11 Uhr.

Jacks Fun World

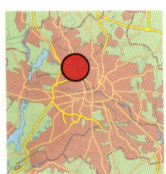

Hier darf bei jedem Wetter geklettert, gehüpft und getobt werden: In Berlins größtem Indoor-Freizeitpark (über 4.000 qm) stehen Spaß und Bewegung an erster Stelle. An einem Teich dürfen Knirpse sogenannte Bumperboote steuern, und auf der 100 m langen Gokartbahn kann man zwar nicht um die Wette fahren, aber auf Zeit. Minis bis 4 Jahre haben ihren eigenen Bereich mit Bällchenmeer und Rutschen. Für die Größeren ist die 100 m lange Seilbahn spannend, die sie in 8 m Höhe durch die Luft befördert. Auf sechs großen Trampolinen kann man Saltos üben und die Leichtigkeit des Seins genießen. Wem das alles nicht reicht, der spielt eine Partie Minigolf in der 18-Loch-Anlage oder trainiert mit Gleichgesinnten in der Mini-Fußballanlage.

Entspannung für die Großen

Im Restaurant „McJack" können sich die Großen derweil bei Kaffee und Torte erholen, im Sommer auch draußen im Biergarten. Donnerstags außerhalb der Berliner Schulferien haben Eltern beim Kauf einer All-inclusive-Tageskarte freien Eintritt, zwei Stunden vor Schluss halbieren sich jeden Tag die Eintrittspreise. Zwei weitere Filialen befinden sich in der Nähe des Kurfürstendamms in der Joachimstaler Straße 19 in Charlottenburg (Jacks Kids World) und in den Borsighallen, Am Borsigturm 2, in Tegel (Jacks Junior World).

Hoch hinaus und wieder abwärts geht's auf dem Bungeetrampolin

Jacks Fun World, Miraustr. 38, 13509 Berlin (Reinickendorf), Tel. 41 90 02 42, info@jacksfunworld.de, www.jacksfunworld.de. S-Bahn: Eichborndamm. Di-Fr 14-19.30, Sa, So 10-19 Uhr. Di-Fr Kinder € 4, Sa, So € 7, Aktivitäten wie Bungeetrampolin, Bootfahren kosten extra (€ 1-3,50), All-inclusive-Tageskarte Di-Fr € 10, Sa, So und in den Berliner Schulferien € 14,50, Erw. € 3.

Tierpark Berlin

Mit 160 ha Fläche ist der Tierpark im Osten Berlins flächenmäßig ein Riese. Fast 9.000 Tiere genießen den großzügigen Auslauf inmitten eines Schlossparks, der 1821 vom Gartenbaumeister Peter Joseph Lenné gestaltet wurde. Er gehört zum Schloss Friedrichsfelde von 1695. Der Tierpark entstand allerdings erst in den 1950er-Jahren. Es sieht schon kurios aus, wie Paviane in einem ehemaligen, stuckverzierten Brunnenensemble spielen oder ein frei laufender Pelikan vor dem Schlosseingang sein Nickerchen hält. Die Malaienbären neben dem Schloss klettern in alten Bäumen herum, als wären sie in der Wildnis. Ein bisschen wirkt es, als hätten die Tiere tatsächlich den Schlosspark erobert. Da die Gehege sehr weitläufig sind, sieht man manchmal nicht einmal einen Zaun, so etwa bei den Dromedaren, die auf weitläufigen Wiesen grasen. Und die Flamingolagune, umgeben von hohen Bäumen, könnte auch ein Wasserloch in der Wildnis sein.

Prächtig anzusehen sind die zahlreichen Elefanten, die in Herden unterwegs sind. Sie haben häufig Nachwuchs, und man kann stundenlang zuschauen, wie sich die Kleinen gegenseitig ärgern oder versuchen, den Großen ein bisschen Staub auf den Rüssel zu pusten.

Tierpark Berlin, Am Tierpark 125, 10319 Berlin (Lichtenberg), Tel. 51 53 10, info@tierpark-berlin.de, www.tierpark-berlin.de. U-Bahn: Tierpark. Ende März-Mitte Sep tägl. 9-18, Mitte Sep-Ende Okt 9-17, Ende Okt-Ende März 9-16 Uhr, Erw. € 11, Kinder (5-15 J.) € 5,50, ab 16 J. € 8; Familien: 1 Erw., 3 Kinder bis 15 J. € 18; 2 Erw., 3 Kinder bis 15 J. € 29.

Tierisches Vergnügen im einstigen Schlosspark

FEZ Berlin

Das größte Kinderzentrum Europas vertreibt im Stadtteil Köpenick die Langeweile. Auf insgesamt 13.000 qm Fläche gibt es Werkstätten, Theater, Kinderkino und kreative Mitmach-Ausstellungen zu aktuellen Themen wie etwa Familie oder Konsum. Am Wochenende stehen zudem Veranstaltungen für die ganze Familie, z. B. Familientriathlon oder Fasching, auf dem Programm. Auch eine Schwimmhalle ist integriert.
An der frischen Luft locken ein Kletterturm sowie die „Ökoinsel" mit grünem Klassenzimmer, Miniregenwald, Bienenhof, Lehmbackofen und Schaubeeten. Hier kann kind vieles lernen über Imkerei, tropische Pflanzen, Brotbacken und Naturheilkunde (Info-Tel. 53 07 14 47).

Speisen mit Spreeblick
*Wen nach dem Besuch im FEZ der Hunger packt: Im **Waschhaus Alt-Köpenick** wird zünftige süddeutsche Küche serviert. Im Sommer sitzt man auf der riesigen Terrasse direkt an der Spree. Tipp: Sonntags von 11 bis 15 Uhr gibt's Brunch mit Musik (€ 13,90/Pers., Kinder (6-10 J.) die Hälfte, bis 5 J. frei). Katzengraben 19, 12555 Berlin, Tel. 65 49 83 19, www.waschhausalt koepenick.de. Tram-/Bushaltestelle: Rathaus Köpenick.*

FEZitty
Welches Kind möchte nicht gern mal Bürgermeister sein und mitbestimmen? Im FEZ ist das möglich! Alle zwei Jahre während der Berliner Sommerferien (2010, 2012 etc.) verwandelt sich das FEZ in die Hauptstadt der Kinder. Das Spiel beginnt mit dem Erwerb eines Stadtausweises inkl. Startgeld (Wuhlis). Dann sucht man sich eine Arbeit im Jobcenter oder eröffnet selbst ein Geschäft. Di-So 11-18, Sa 13-18 Uhr, Kinder € 2, Gästekarte f. Erw. € 1.

Praktisch auch, dass das FEZ direkt in einem der größten Parks der Stadt liegt. So können Sie vor oder nach dem Besuch in der Wuhlheide (siehe auch Kasten S. 25) frische Luft schnappen. Auch ein Badesee mit Sandstrand lädt zum Schwimmen unter freiem Himmel ein.

„orbitall"
Seit 1979 begeistert im FEZ ein Raumfahrtzentrum Groß und Klein. Wer sich am Wochenende zur Familienmission [Tel. 53 07 15 38, Sa, So, 14 u. 16 Uhr, 2 Std., pro Familie € 60, ab 10 J.] anmeldet, bekommt eine Einführung ins Sonnensystem und erfährt alles über Raketen, Satelliten und die Internationale Raumstation ISS. Mit Drehsessel, Taumelscheibe und Rhönrad überwindet man die Schwerelosigkeit, um dann in einem Raumschiff virtuell zur ISS zu fliegen. Um die Geschichte der Raumfahrt von den Anfängen bis heute geht es

in der ständigen Ausstellung, die an Wochenenden für die Öffentlichkeit zugänglich ist. Jährlich im September findet ein Raumfahrtwochenende statt. Das „orbitall" bietet dann Führungen durch die Ausstellung, Mitmach-Experimente, Astronautentraining und vieles mehr.

FEZ Berlin, An der Wuhlheide 197, 12459 Berlin (Köpenick) Tel. 53 07 12 00, info@fez-berlin.de, www.fez-berlin.de. S-Bahn: Wuhlheide. Di-Fr 9-22, Sa 13-18, So 10-18 Uhr, während der Berliner Ferien: Mo-Fr, So 11-18, Sa 13-18 Uhr, Ausstellungen u. Ökoinsel frei. Schwimmhalle: Di, Do 14-22, Mi 10-17, Fr 18-22, Sa, So 10-18 Uhr, Erw. € 4, Kinder € 2,50, Familien (2 Erw., 1 Kind) € 7, jedes weitere Kind € 1,50. Kletterturm: April-Okt Di-Fr 13-17, Sa 13-18, So 10-18 Uhr, € 2 pro Route.

Zum Fasching versammeln sich Clowns, Hexen und Vampire im FEZ

Biosphäre Potsdam

Über 20.000 Pflanzen und mehr als 150 Großbäume säumen den Weg der Besucher durch die Biosphärenhalle, die im Rahmen der Bundesgartenschau (BUGA) 2001 gebaut wurde. Mit allen erdenklichen Hightech-Modulen wird den Gästen das Leben in den Tropen nähergebracht. Dass die Pflanzen nicht beschriftet sind und auch nicht alle aus demselben Klimaraum stammen, zeugt von der Philosophie der Ausstellungsmacher. Ihnen geht es um die Sensibilisierung der Sinne und Erlebniswelten, die – audiovisuell unterstützt – die Faszination der mikroskopisch kleinen Details des Lebens sichtbar machen.

Volkspark Potsdam
Vor der Biosphäre erstreckt sich ein großer Park, der im Rahmen der Bundesgartenschau 2001 entstanden ist. Ein Wasserspielplatz für Kinder, Halfpipes, Skaterbahn, Beachvolleyballfelder, Kletterwand und sogar eine Disc-Golf-Anlage für Frisbeefans sorgen für Abwechslung an der frischen Luft. Am Wasserspielplatz gibt es ein Café mit Terrasse. Mehr Infos unter www.volkspark-potsdam.de.

Was kreucht denn da im Tropenwald – riesige Lupen sorgen für Durchblick

Tasten, fühlen, entdecken ist das Wichtigste in der Biosphärenhalle. Ob Moose unter die Lupe nehmen oder tropische Heilpflanzen in der Schamanenhütte begutachten – überall steht weniger das bloße Lernen als das Mitmachen im Vordergrund. Lupen, Fernrohre, Höhrrohre und Monitore sind Werkzeuge, mit deren Hilfe sich die Wunder der Natur erschließen sollen. So kann man stundenlang zwischen den einzelnen Bereichen Luft, Wasser, Erde flanieren und irgendwann hat sich der Kreislauf auch an die feuchtwarme Luft in der 45.000 qm großen Halle gewöhnt.

Packt Sie dann der Durst, bietet das „Tropencamp" in 9 m Höhe Cocktails und Kaffee. Von dort führt eine Brücke über die Wipfel, das Gewitter zu jeder vollen Stunde wirkt spätestens hier nicht mehr ganz so gruselig, weil es sich als Licht- und Klanginstallation enttarnt.

Wegen der schwülwarmen Temperaturen zwischen 22 und 28 Grad sollten Sie sich im Zwiebellook kleiden, damit Sie, falls es zu warm wird, etwas ablegen können.

Biosphäre Potsdam, *Georg-Hermann-Allee 99, 14469 Potsdam, Tel. 0331-55 07 40, info@biosphaere-potsdam.de, www.biosphaere-potsdam.de. Ab Potsdam Hauptbahnhof: Tram 92, Haltestelle: Campus Fachhochschule, Tram 96, Haltestelle: BUGA-Park, jeweils ca. 350 m Fußweg entlang den nach rechts abbiegenden Schienen; mit dem Auto: A 10, Abzweig Potsdam-Babelsberg Richtung Zentrum, dann weiter Richtung Schloss Cäcilienhof. Mo-Fr 9-18, Sa, So 10-19 Uhr, Erw. € 9,50, Kinder ab 14 J. € 8, 5-13 J. € 6,50, Familien € 28.*

Filmpark Babelsberg

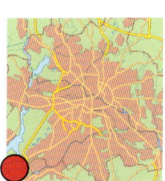

In Europas ältester Filmstadt südlich von Berlin ist nach der Wende ein Freizeitpark rund ums Kino und Fernsehen eingezogen. Stuntshows und fingierte Schießereien vor einer Westernkulisse gilt es zu bestaunen. 900 qm gehören dem Sandmann, jenem Wesen, das Millionen Knirpsen abends Sand in die Augen streut. Aber auch andere Fernsehsendungen sind Thema: Der Bauwagen der Sendung „Löwenzahn" etwa steht auf einer Wildkräuterwiese, und dort, wo der Schauspieler Peter Lustig früher gewohnt hat, können Sie jetzt auf Spurensuche gehen.

Oh wie schön ist Babelsberg

Sie möchten einmal selber vor der Kamera stehen? Kein Problem! Im Fernsehstudio 1 lernen Besucher von Profis, was man als Nachrichtensprecher zu tun hat. Doch das ist längst nicht alles: Im Janoschland „Panama" können Kleine und Große eine Bootstour durch eine schöne Parklandschaft mit Figuren aus dem gleichnamigen Kinderbuch unternehmen. Im wahrsten Sinne wunderbar ist auch die Filmkulisse des DEFA-Kinderfilms „Der kleine Muck" von 1953: ein goldener Kuppelbau, Sultansthron, Wasserbecken, Fontänen und exotische Gewächse. Natürlich hat man auch an das leibliche Wohl gedacht: Mehrere Restaurants auf dem Gelände, so das „Prinz Eisenherz" mit mittelalterlicher Atmosphäre, laden zur Einkehr ein.

Akteur bei der Filmtiershow

> **Anschauliche Experimente**
> *Kann man seinen Schatten einfrieren? Physikalische Phänomene dieser Art erkunden Familien im* **Potsdamer Exploratorium**. *Wetzlarer Str. 46, 14484 Potsdam (Babelsberg), info@exploratorium-potsdam.de, www.exploratorium-potsdam.de. Di-Do 8.30-18, Fr 8.30-19, Sa, So 10-18 Uhr, während der Schulferien Di-So 10-18 Uhr, Erw. € 7,30, Kinder € 5,80, Familien € 25.*

Filmpark Babelsberg, *Besuchereingang: Großbeerenstraße, 14482 Potsdam-Babelsberg, Tel. 0331-721 27 50, info@filmpark-babelsberg.de, www.filmpark-babelsberg.de. Ostern-Okt tägl. 10-18 Uhr, Erw. € 20, Kinder 4-14 J. € 13, Kinder ab 15 J. € 16, Familien € 60.*

Fläming-Therme Luckenwalde

Strömungskanal, Wasserfall, Whirlpools und Massagedüsen warten in der Fläming-Therme (40 km südl. von Berlin) auf kleine und große Wasserratten. Ein Knaller ist die High-Speed-Rutsche. Und wo gibt es sonst ein Seil, an dem sich kleine Tarzans über die Wasseroberfläche hangeln können, oder ein Kletternetz mitten im Bad? Mit einer Dusche unter dem künstlichen Wasserfall kann man die Abenteuertour durch den Badedschungel abrunden.
Vielleicht wechseln sich Mama und Papa ja bei der Betreuung ab und statten der Saunalandschaft mit echtem Kaminfeuer, Bio-Sauna, finnischer Sauna und römischem Dampfbad einen Besuch ab. Eine Extra-Kleinkinderwelt mit Spieltieren sorgt dafür, dass auch die Jüngsten auf ihre Kosten kommen.

Wilde Fahrt im Strömungskanal

Und wer bei all dem Geplansche Hunger bekommt: Im Restaurant gibt's Pommes, Salat und Eintopf in Selbstbedienung.

Fläming-Therme, Weinberge 40, 14943 Luckenwalde, Tel. 03371-400 20, info@aquapark.de, www.flaemingtherme.de. Anfahrt: Regionalbahn nach Luckenwalde (1 Std.), vom Bhf. 8 Min. zu Fuß (ausgeschildert); Auto: B101 Richtung Thyrow, Trebbin bis Luckenwalde, dort über Schützenstraße und Trebbiner Straße zur Ampelkreuzung, rechts abbiegen in Richtung Beelitz und den Schildern folgen. Tägl. 10-22 Uhr, 2 Std. Schwimmen: Erw. € 6, Kinder € 3,80, 4 Std.: € 8/€ 4,80, Nachzahlung je 30 Min. € 0,60/€ 0,40. Tageskarte Erw. € 10, Kinder € 6,80; Eintritt mit Sauna 2 Std.: Erw. € 9, Kinder € 5,80, 4 Std.: € 12/€ 7,50, Tageskarte € 16/€ 9,80.

Burg Rabenstein

Ein Traum für Nachwuchsritter und -burgfräulein! Wo einst August der Starke vom 28 m hohen Bergfried auf den Fläming schaute, übernachten heute Radler und Wanderer – die Burg als Herberge macht's möglich. An Ostern findet alljährlich ein großes Mittelalterfest mit Ritterturnier statt. Zur Burg 49, 14823 Raben, Tel. 030 3848-602 21, www.burgrabenstein.de. Anfahrt: A 9 Richtung Leipzig, Abfahrt Rabenstein-Fläming. Tägl. 6-22 Uhr, Turmbesichtigung: Erw. € 1, Kinder € 0,50.

Tropical Islands

In der weltgrößten freitragenden Halle (360 m lang, 107 m hoch!) 60 km südlich von Berlin hat sich die Südsee breitgemacht. Dort, wo früher avantgardistische Luftschiffe gebaut wurden, tummeln sich nun Gäste von nah und fern, um in der 31 Grad warmen Lagune zu planschen, das Tropenmeer zu durchschwimmen oder mit einem Ballon zu fahren. Der 25 m hohe Rutschenturm ist der größte Deutschlands, auf der dort befindlichen Turborutsche erreichen Wagemutige bis zu 70 km/h, bevor sie mit einem lauten Platsch im Wasser landen. Die Lufttemperatur mit 26 Grad könnte etwas wärmer ausfallen, doch ansonsten bleiben keine Wünsche offen.
Und wer gleich hier übernachten möchte: In den „Regenwald-Camps" stehen einige Zelte in unterschiedlichen Größen (€ 24,50 pro Pers. ab 4 J. u. Nacht) zur Verfügung. Unterhaltungsprogramme für Groß und Klein sorgen für reichlich Abwechslung. Der Spaß hat jedoch seinen Preis.

Tropical Islands, Tropical-Islands-Allee 1, 15910 Krausnick, Tel. 035477-60 50 50, info@tropical-islands.de, www.tropical-islands.de. Anfahrt: 50 Min. mit dem Regionalexpress (stdl.) vom Bahnhof Alexanderplatz nach Brand (Niederlausitz), von dort Shuttlebus-Service. Auto: A 13 Richtung Dresden, Ausfahrt Starkow, Beschilderung folgen.
Tägl. 24 Std., Erw. € 25, Kinder 4-14 J. € 19,50, Schüler ab 15 J. € 22,50, Nachtzuschlag € 10, Rutschen

Stadtbad Schöneberg

Wer nicht ganz so weit fahren möchte, aber Spaß an Whirlpools und Riesenrutschen hat, geht in Berlin z. B. ins Stadtbad Schöneberg. Auch ein Außenbecken gibt es, eine Sprunganlage mit 3-m-Brett, ein Kleinkinderbecken und einen Strömungskanal. Im Solebecken liegt man fast schwerelos im Salzwasser. Hauptstr. 39, 10827 Berlin (Schöneberg), Tel. 780 99 30. S-Bahn: Schöneberg. Öffnungszeiten bitte telef. erfragen. 1 Std.: Erw. € 4, Kinder € 3, jede weitere Std. zzgl. € 1; Familien (3 Pers.) € 10 für 2 Std. bei Eintritt bis 13 Uhr; Tageskarte Erw. € 9, Kinder € 7.

€ 3,50/Pers. u. Tag. Zahlen 2 Erw. u. 1 Kind Eintritt, sind bis zu 3 weitere Kinder kostenfrei.

Südsee-Feeling in Brandenburg

NaturTherme Templin

Hier kann man tatsächlich um die Wette rutschen! Zwei jeweils 100 m lange Rutschen winden sich in wilden Kurven hinab bis ins Wasserbecken. Aber auch sonst hat das Solebad 60 km nordöstlich von Berlin jede Menge zu bieten: Strömungskanäle, Wellenbad, ein ganzjährig beheiztes Außenbecken, Planschbecken sowie ein Grottengang mit „Felswänden", aus denen Wasser plätschert, machen die Therme zu einem Erlebnisbad. Eltern erholen sich in der riesigen Saunalandschaft oder einfach auf einer der Liegen rund um die Becken. In der Wellnessabteilung hat man die Wahl zwischen zahlreichen Anwendungen von Ayurveda bis Thalasso. Ein Selbstbedienungsrestaurant bietet vom Eintopf bis zur Currywurst alles, was des Schwimmers Herz begehrt.

> ### Wildpark Schorfheide
> *Wölfe, Wisente, Elche und Muffelwild in quasi freier Wildbahn können Sie in diesem schönen 100 ha großen Gehege beobachten. Zudem lockt ein riesiger Naturspielplatz mit Attraktionen wie Baumorgelspielen. Ideal für eine Rast auf dem Weg von oder nach Templin. Prenzlauer Str. 16, 16348 Groß Schönebeck, Tel. 033393-658 55, info@wildpark-schorfheide.de, www.wildpark-schorfheide.de. Anfahrt: B109 bis Groß-Schönebeck, dann ausgeschildert. Mai-Okt tägl. 9-17, Nov-April 9-16 Uhr, Erw. € 4,50, Kinder ab 4 J. € 3.*

NaturTherme Templin, Dargersdorfer Str. 121, 17268 Templin, Tel. 03987-20 11 00, www.naturthermetemplin.de, Anfahrt: Regionalbahn von Berlin-Lichtenberg nach Templin, Anschlüsse in Oranienburg von Schönefeld, Zoologischer Garten und Spandau. Vom Bhf. ca. 10 Min. Fußweg. Auto: B 109 nach Templin, Beschilderung folgen. Tägl. 9-21 Uhr, 2 Std.: Erw. € 9,50, Kinder € 4,50, jede weitere halbe Std. zzgl. € 1, Tageskarte Erw. € 15,50, Kinder € 10,50, Zuschlag Sauna € 2,50/Pers.; Ermäßigungen ab 17.30 Uhr.

Badelandschaft unter der Kuppel

GUT ZU WISSEN

Fakten von A bis Z

Ankunft/Anreise
Alle **Autobahnen** nach Berlin führen auf den Berliner Ring (A 10), von dem man die einzelnen Bezirke erreicht. Auto fahren innerhalb der Stadt ist jedoch nicht zu empfehlen, da stets mit Baustellen zu rechnen ist und die Hauptverkehrsstraßen zu Stoßzeiten fast immer verstopft sind. Zudem werden in vielen innerstädtischen Bereichen rund um die Shoppingcenter Parkgebühren von € 0,50 Euro je halbe Stunde erhoben. Bequemer und oftmals schneller unterwegs ist man mit den **öffentlichen Verkehrsmitteln**. Mit der Fertigstellung des neuen Hauptbahnhofs im Zentrum der Stadt sind die Verbindungen mit der **Bahn** von und nach Berlin noch schneller geworden. Sämtliche Fernzüge laufen hier ein, zusätzlich halten einige am Ostbahnhof, am neuen Fernbahnhof Südkreuz, in Lichtenberg, Gesundbrunnen sowie in Spandau. Fahrplanauskunft gibt es unter der kostenlosen Telefonnummer 0800-150 70 90, Züge buchen kann man unter Tel. 118 61 oder auf www.bahn.de. Außerdem fährt ein Nachtzug der CityNight-Line von Zürich über Basel, Frankfurt und Hannover nach Berlin. Informationen und Buchungen unter Tel. 0180-599 66 33 (€ 0,14/Min.) oder auf www.citynightline.ch. Im Zuge des Ausbaus des **Flughafens Schönefeld** (SXF) zum Hauptstadt-Airport BBI (Berlin Brandenburg International) wurde der innerstädtische Flughafen Tempelhof 2008 geschlossen. Die Schließung des **Flughafens Tegel** (TXL) ist für 2012 geplant. Noch landen dort allerdings die meisten inländischen Flüge. Die nächste U-Bahnstation von Tegel aus ist Jakob-Kaiser-Platz (U 7), der vom Flughafen aus von den Buslinien 109 und dem Expressbus X 9 angefahren wird (Fahrtzeit ca.

Blick vom Spreeufer zum neuen Hauptbahnhof

5 Min.). Mit beiden Bussen gelangt man in ca. 20 Minuten auch direkt zum Zentrum West am Bahnhof Zoo. Zum Zentrum im Ostteil der Stadt am Alexanderplatz (über Unter den Linden) fährt in ca. einer halben Stunde der Expressbus TXL. Eine Taxifahrt von Tegel zum Bahnhof Zoo kostet ca. € 15, zum Alexanderplatz ca. € 25.
Von Schönefeld aus fährt die S 9 ins Zentrum der Stadt, zum Alexanderplatz dauert die Fahrt etwa 35 Minuten, zum Bahnhof Zoo ca. 50. Schneller geht es mit dem Regionalzug, der alle zwei Stunden als „AirportExpress" vom Flughafen abfährt. Eine Taxifahrt von Schönefeld ins Zentrum kostet ca. € 35-45.
Eine preisgünstige Alternative zur Anreise mit Bahn oder Flugzeug sind die täglich mehrmals nach Berlin fahrenden **Linien-Reisebusse**, die Berlins zentralen Busbahnhof (ZOB) ansteuern. Der ZOB liegt ca. vier Kilometer vom Bahnhof Zoo entfernt. Fahrplanauskünfte und Buchungen unter Tel. 301 03 80 und www.zob-reisebuero.de, weitere Infos unter www.berlinlinienbus.de.
Zentraler Omnibusbahnhof am Funkturm (ZOB), Masurenallee 4-6, 14057 Berlin, Auskunftsdienst über Abfahrten, Ankünfte, Verspätungen, Infrastruktur, ÖPNV-Anbindung: Tel. 302 53 61, info@zob-reisebuero.de, www.zob-berlin.de.

Auskunft
Die Berlin Tourismus Marketing GmbH (BTM) führt in Berlin fünf Infocenter:
im Hauptbahnhof, Erdgeschoss, Eingang Europa Platz, tägl. 8-22 Uhr
im Neuen Kanzler Eck, Kurfürstendamm 21, Passage, Mo-Sa 10-20,
So 10-18 Uhr (April-Okt erweiterte Öffnungszeiten)
im Brandenburger Tor/südliches Torhaus, tägl. 10-18 Uhr (April-Okt erweiterte Öffnungszeiten)
im Alexa Shopping Center/Erdgeschoss, nahe Alexanderplatz, Grunerstr. 20, Mo-Sa 10-20, So 11-15 Uhr (April-Okt erw. Öffnungszeiten)
in der Humboldt-Box, Unter den Linden/Schlossplatz, tägl. 10-18 Uhr (April-Okt erweiterte Öffnungszeiten)
Weitere Infos unter www.visitberlin.de, Tel. 25 00 25, Mo-Fr 8-19, Sa-So 9-18 Uhr. Informationen zu Unterkünften und Sightseeing findet man auch auf der offiziellen Website Berlins: www.berlin.de.

Autovermietung
An den Flughäfen und größeren Bahnhöfen der Stadt haben u. a. die internationalen Autovermietungen Sixt, Avis, Europcar und Hertz ihre Standorte.

Babysitter
Einen 24-Stunden-Service für Kinderbetreuung in zwölf Sprachen bietet das **Kinder-Hotel** in Mitte für Kinder von 6 Monaten bis 14 Jahre. Die flexiblen Mitarbeiter kommen auch gern zu Ihnen ins Hotel [Eichendorffstr. 17, 10115 Berlin (Mitte), Tel. 41 71 69 28, info@kinderinsel.de, www.kinderinsel.de (U6, Zinnowitzer Str.), € 13/Std., 14-Stunden-Nachtbetreuung € 69, Tag € 99, Geschwisterrabatt von 25 %].
Die **Agentur Aufgepasst** vermittelt Babysitter, Kindermädchen und Tagesbetreuung [Berliner Str. 50, 10713 Berlin (Wilmersdorf), Tel. 851 37 23, info@aufgepasst.de, www.aufgepasst.de. Vermittlungsgebühr € 10/Tag, Babysitter

Bus-, Bahn- und Tramfahren ist in Berlin kinderleicht

€ 8/Std.]. Auch beim **Babysitter-Express** werden Sie rund um die Uhr fündig [kontakt@babysitter-express.de, www.babysitter-express.de, Tel. 40 00 34 00. € 11-13,50/Std.].

Bus, Bahn und Taxi

Das Berliner Verkehrsnetz besteht aus **Bus, Straßenbahn (Tram), S- und U-Bahn** sowie **Regionalbahnen** und **6 Fährlinien**. An den Wochenenden fahren die S- und U-Bahnen auf den wichtigsten Verkehrsstrecken rund um die Uhr und werden ansonsten durch Nachtbusse ersetzt. Der öffentliche Nahverkehr unterteilt sich in drei Tarifzonen: A und B deckt den Stadtbereich ab, C gilt für das angrenzende Umland inklusive Potsdam. Der Einzelfahrschein AB kostet € 2,30, für Schüler bis einschl. 14 J. € 1,40 (Dauer 2 Std.). Die Kurzstrecke kostet € 1,40 bzw. € 1 (3 U- oder S-Bahn-Stationen, bzw. 5 Bus- oder Straßenbahnstationen). Kinder bis zum vollendeten 6. Lebensjahr fahren kostenlos. Die Tageskarte kostet € 6,30, die Gruppenkarte (bis 5 Personen) € 14,80, eine Wochenkarte € 27,20 (alle Preise AB). Auskünfte zu den aktuellen Tarifen und dem Berliner Verkehrsnetz unter www.s-bahn-berlin.de und www.bvg.de, Tel. 194 49. Vor allem für Familien auf Stippvisite lohnt sich die **Berlin WelcomeCard**. Für € 18,90 (ABC) kann ein Erwachsener mit bis zu drei Kindern bis einschließlich 14 Jahre 48 Stunden sämtliche öffentlichen Berliner und Potsdamer Verkehrsmittel benutzen. Für 72 Stunden kostet das Ticket € 25,90 (AB). Beide Varianten bieten Ermäßigungen an mehr als 150 Orten, z. B. Museen. Die Karte erhalten Sie in den Berlin Infostores der Berlin Tourist Information, an den Verkaufsstellen der S-Bahn, der BVG sowie an den Fahrkartenautomaten und in vielen Hotels. Sie können die WelcomeCard auch vorab online bestellen auf www.visitberlin.de/welcomecard. Die Einstiegsgebühr bei **Taxis** kostet in Berlin € 3,20, anschließend kostet jeder Kilometer € 1,65, ab dem 7. Kilometer € 1,28. Für kurze Strecken (bis 2 km und nicht länger als 10 Minuten) empfiehlt sich der sogenannte Winktarif für € 4 – er gilt nur, wenn Sie das Taxi auf der Straße in freier Fahrt heranwinken.

Camping

Berlin verfügt über sechs Campingplätze. Die mit 450 Stellplätzen größte und schönste Anlage ist **DCC-Camping am Krossinsee**. Der Platz ist das ganze Jahr geöffnet, hat eine eigene Gaststätte, einen Jugendplatz, Fahrrad- und Bootsverleih und auch Ferienzimmer [Wer-

nersdorfer Str. 8, 12527 Berlin (Schmöckwitz), Tel. 675 86 87, www.campingplatz-krossinsee.de. € 6,50/Pers. u. Nacht, Kinder 6-15 J. € 3; Zelt ohne Auto € 5, mit Auto € 7].
Auch mitten in der Stadt, ganz in der Nähe des Hauptbahnhofs, können Sie auf dem Gelände eines ehemaligen Freibads campieren. **Tentstation** wird jedoch stark von Jugendlichen frequentiert, weshalb es dort nachts nicht immer ruhig zugeht [Seydlitzstr. 6, 10557 Berlin (Tiergarten), Tel. 39 40 46 50, mail@tentstation.de, www.tentstation.de. S-Bahn Hauptbahnhof. Mai-Sep, € 11/Pers. u. Nacht, Kinder 10-17 J. € 8, 5-9 J. € 5].
Weitere Adressen:
City-Camping Hettler und Lange, Gartenfelder Str. 1, Berlin (Spandau), Tel. 33 50 36-33, www.hettler-lange.de
Campingplatz Breitehorn, Breitehornweg 24, 14089 Berlin (Spandau), Tel. 36 53 408, www.bccev.de.vu
Backpackers Paradise, Ziekowstr. 161, 13509 Berlin (Tegel), Tel. 433 86 40, www.backpackersparadise.de
DCC-Campingplatz Kladow, Krampnitzer Weg 111-117, 14089 Berlin (Kladow), Tel. 365 27 97, www.dccberlin.de/campingplatzkladow.htm
Informationen zu weiteren DCC-Campingplätzen auf www.dccberlin.de, Informationen zu Campingplätzen im Brandenburger Umland finden Sie auf der Seite der Campingwirtschaft im Land Brandenburg e.V. , www.camping-in-brandenburg.de, Tel. 03335-32 67 17.

Fahrradverleih

Wer Berlin per Fahrrad erkunden möchte, kann bei verschiedenen Fahrradverleihern Räder samt Anhängern und Kindersitzen mieten.
Bei **Pedalpower** bekommt man sogar 2er- und 3er-Tandems ebenso wie Kinderanhänger oder zusätzliche Kindersitze [Station in Lichtenberg: Pfarrstr. 115, 10317 Berlin, Tel. 55 15 32 70. S-Bahn: Nöldnerplatz. Mo-Fr 10-18.30, Sa 10-13 Uhr. In Kreuzberg: Großbeerenstr. 53, 10965 Berlin (Kreuzberg), Tel. 78 99 19 39. U-Bahn Mehringdamm. Mo-Fr 10-18.30, Sa 11-14 Uhr. Weitere Infos: info@pedalpower.de, www.pedalpower.de].
Der **Faltrad-Direktor** Christoph Beck ist Spezialist für alles Faltbare: Räder, Dreiräder, Liegeräder, Tandems, Roller und Anhänger [Goethestr. 79, 10623 Berlin (Charlottenburg), Tel. 31 80 60 10, www.faltrad-direktor.de. U-/S-Bahn: Zoologischer Garten. Mo-Fr 16.16-19.19, Mi, Fr auch 11.11-13.13. Sa 11.11-13.13 Uhr].
Alex bike tours & rental verleiht nicht nur Räder, sondern bietet auch geführte Radtouren. Fahrradhelme, Kindersitze u. a. kostenlos zum Mietrad [Alexander-

---

Streckenauskunft

*Sie wollen in Berlin Rad fahren, wissen aber nicht genau, welches die beste Strecke ist? Einen tollen Service bietet der **ADFC** unter www.bbbike.de. Sie müssen nur Start- und Zielort eingeben und ob Sie lieber auf direktem Weg oder auf Nebenstrecken fahren möchten. Die beste Route wird Ihnen sogar mit Angabe des jeweiligen Straßenbelags auf der Strecke in Form einer übersichtlichen Liste präsentiert!*

Klimatabelle

	Jan	Feb	März	Apr	Mai	Juni	Juli	Aug	Sept	Okt	Nov	Dez
Wassertemperaturen in °C	3	4	7	12	16	19	21	20	17	12	8	3
Lufttemperaturen/Tag (in °C)/Nacht	-1,8 / -2,9	3,5 / -2,2	7,9 / 0,5	13,1 / 3,9	18,6 / 8,2	21,8 / 11,4	23,1 / 12,9	22,8 / 12,4	18,7 / 9,4	13,3 / 5,9	7 / 2,1	3,2 / -1,1
Sonnenschein (in Std.) täglich	1,5	2,6	3,9	5,3	7,1	7,4	7	6,8	5,2	3,6	1,7	1,2
Niederschlag (Tage/Monat)	18	14	16	14	14	15	14	13	14	14	17	18

platz/Panoramastr. 1 a, 10178 Berlin (Mitte), Tel. 0176-67 09 28 56, info@alex-rent-a-bike.de, www.alex-rent-a-bike.de. U-/S-Bahn: Alexanderplatz. Tägl. 10-20 Uhr]. Eine umfassende Liste von weiteren Fahrradverleihern in Berlin finden Sie auf der Homepage des **Allgemeinen Deutschen Fahrrad-Clubs (ADFC)**. Dort erhält man auch einen ausgezeichneten Führer, in dem sämtliche Fahrradwege der Stadt verzeichnet sind [Brunnenstr. 28, 10119 Berlin (Mitte), Tel. 448 47 24, kontakt@adfc-berlin.de, www.adfc-berlin.de. U-Bahn: Brunnenstraße].

Fundbüro

Das **Zentrale Fundbüro** befindet sich im Gebäude des Flughafens Tempelhof [Platz an der Luftbrücke 6, 10965 Berlin (Kreuzberg), Tel. 902 77 31 01, www.berlin.de/ba-tempelhof-schoeneberg, U-Bahn: Platz der Luftbrücke. Mo-Di 8-15, Do 13-18, Fr 8-12 Uhr].

Das **Fundbüro der BVG** finden Sie in der Potsdamer Str. 180/182 [10783 Berlin (Schöneberg), Tel. 194 49. U-Bahn: Kleistpark. Mo-Do 9-18, Fr 9-14 Uhr]. Wenn Sie in Zügen der **Deutschen Bahn** etwas verloren haben, bitte Tel. 0900-199 05 99 (€ 0,59/Min.) anrufen. Am **Flughafen Schönefeld** befindet sich das Fundbüro neben dem Haupteingang [12521 Berlin, Tel. 60 91 60 38, www.berlin-airport.de. S-Bahn: Schönefeld. Tägl. 8-22 Uhr]. Am **Flughafen Tegel** wendet man sich an A.S. Advanced Services GmbH [13405 Berlin, Tel. 41 01 23 15, Bus TXL, 128, X9, 109. Tägl. 5-22.30 Uhr].

Medien

Die Medienlandschaft in Berlin ist breit gefächert. Die größte Zeitungsauflage hat das Boulevardblatt „BZ", gefolgt vom „Berliner Kurier". Die größte Auflage unter den seriösen Blättern verzeichnet die „Berliner Zeitung". Weitere große

Tageszeitungen sind die „Berliner Morgenpost" sowie der „Tagesspiegel". Auch aus Berlin stammt die überregionale „taz". Die wichtigsten Stadtmagazine mit aktuellen Veranstaltungshinweisen sind „tip" und „zitty", die im Wechsel je alle zwei Wochen mittwochs erscheinen und auf der Straße bereits ab Dienstagabend verkauft werden. Die Radiolandschaft der Hauptstadt setzt sich aus einer Vielzahl unterschiedlicher Sender zusammen. Für Kinder sendet aus dem Filmpark Babelsberg „Radio Teddy" (106,8).

Medizinische Versorgung

Eine Liste sämtlicher Krankenhäuser und Kliniken in Berlin finden Sie unter www.medizinische-berufe.de/klinik suche/a-z/kliniken/Krankenhaeuser-Berlin-240.htm. Den medizinischen Bereitschaftsdienst erreichen Sie unter Tel. 31 00 31. Der diensthabende Arzt kommt vorbei und untersucht am Krankenbett. Ist Ihr Kind krank, sollten Sie besser zum Kinderarzt gehen (Adressen im Branchenbuch) bzw. am Wochenende eine Ambulanz aufsuchen, da die Ärzte des Bereitschaftsdienstes keine Kinderärzte sind. Den Kinderärztlichen Notdienst erreichen Sie ebenfalls unter Tel. 31 00 31. Ambulanzen für Kinder finden Sie u. a. hier:

Rudolf-Virchow-Klinikum, *Augustenburger Platz 1, 13353 Berlin (Wedding), Tel. 450 56 61 28. U-Bahn: Amrumer Straße. 24 Std. geöffnet.*
Erste-Hilfe-Stelle der KV Berlin, *Graefestr. 89, 10967 Berlin (Kreuzberg), kein Tel., U-Bahn: Kottbusser Tor. Mi, Fr 15-22, Sa, So 8-22 Uhr.*

Weitere Kinderkliniken:
DRK Kliniken Berlin Westend, *Klinik für Kinder- und Jugendmedizin, Spandauer Damm 130, 14050 Berlin (Charlottenburg), Tel. 30 35 44 55. S-Bahn: Westend.*
St. Joseph-Krankenhaus, *Bäumerplan 24, 12101 Berlin (Tempelhof), Tel. 788 20. U-Bahn: Platz der Luftbrücke.*
Vivantes Klinikum im Friedrichshain, *Landsberger Allee 49, 10249 Berlin (Friedrichshain), Tel. 13 02 30. Tram M6, Haltestelle: Klinikum am Friedrichshain.*

Notrufe

Polizei: 110, Notarzt/Feuerwehr: 112
DRK Rettungsdienst, Krankentransport: Tel. 197 27
Privatärztlicher Notfalldienst: Tel. 823 00 03
Servicenummer der Berliner Polizei: Tel. 46 64 46 64

Künstlerischer Freiraum

*Nachwuchskünstler, aufgepasst! Kinder ab 3 Jahren können im **Atelier freiraum** täglich mit zwei Künstlerinnen nach Lust und Laune töpfern und malen. Am Sonntag ist Familientag, da sind Eltern und Kinder gemeinsam kreativ. Eine Anmeldung ist obligatorisch. Ackerstr. 5, 10115 Berlin (Mitte), Tel. 27 59 65 28, info@freiraum-berlin.info, www.freiraum-berlin.info. U-Bahn: Rosenthaler Platz. Mo, Do 16.15-18.15, Di, Mi, Fr 15.30-17.30, Sa 10-12, 13-15, 16-18, So 10.30-12.30 Uhr. Probetag € 5.*

Öffnungszeiten

Durch die Freigabe des Ladenschlussgesetzes sind einige große Kaufhäuser im Zentrum an Werktagen bis 22 Uhr geöffnet, in jedem Fall aber – wie auch die meisten Supermärkte – bis 20 Uhr. Einige Supermärkte in den Bahnhöfen Friedrichstraße, Bahnhof Zoo und Ostbahnhof, Schönhauser Allee und Innsbrucker Platz haben auch am Wochenende abends geöffnet. Die Boutiquen in den Shoppingzonen in Mitte und Prenzlauer Berg öffnen allerdings oft erst um 11, manche sogar erst um 12 Uhr.
Die meisten Banken und Sparkassen öffnen Mo-Fr 9-14 oder 15 Uhr, Do oftmals auch bis 18 Uhr. Fast alle Berliner Museen sind Di-So 10-18 Uhr geöffnet, die staatlichen Museen an Donnerstagen sogar bis 22 Uhr. Die Kernzeiten der Postämter sind Mo-Fr 9-18 und Sa 9-13 Uhr. Die Niederlassung in der Joachimstaler Straße 7 in Charlottenburg hat Mo-Sa 9-20 Uhr geöffnet.

Organisierte Ausflüge

Stattreisen hat sich auf Stadttouren für jüngere Berlinbesucher spezialisiert, bei denen Kinder spielerisch die Stadt erkunden (Adresse siehe Kasten, S. 11).
Bärentouren bietet Stadttouren für Kinder von 4 bis 15 Jahre an, u. a. mit Besuch des Fernsehturms, eines Zoos oder einer Kletterhalle [Hochstr. 18, 13357 Berlin (Wedding), Tel. 46 06 37 88, epost@baerentouren.de, www.baerentouren.de, € 17/Std.].
Berlin on Bike hat geführte Radtouren im Programm, die auch für Kinder ab 10 Jahren interessant sind. Von Touren

Das Shoppingcenter „Galeries Lafayettes" in der Friedrichstraße

auf dem ehemaligen Mauerstreifen bis zu Fun-Touren mit Beachvolleyball-Pausen ist alles dabei. Start ist die Kulturbrauerei im Prenzlauer Berg [Knaackstr. 97, 10435 Berlin (Prenzlauer Berg), Tel. 43 73 99 99, info@berlinonbike.de, www.berlin onbike.de]. Der **Verein Berliner Unterwelten** zeigt regelmäßig Tunnel, Bunker und Zivilschutzanlagen unter der Stadt (siehe Tour 5, S. 54).

Schiffsrundfahrten

Ein besonderes Erlebnis für Eltern und Kinder ist eine Dampferfahrt durch das historische Berlin (siehe auch Tour 10, S. 79-84). Anlegestellen gibt es an der Schlossbrücke, Friedrichstraße, im Nikolaiviertel, am Märkischen Ufer, an der Alte Börse, am Haus der Kulturen der Welt, an der Jannowitzbrücke, am Schlesischen Tor, am Hafen Treptow, an der Hansabrücke, Potsdamer Brücke, Corneliusbrücke, an der Greenwichpromenade in Tegel, am Lindenufer, Wannsee und an der Potsdamer Brücke.
Die wichtigsten Schifffahrtsunternehmen sind: Reederei D. Hadynski, Tel. 436 71 135, www.hadynski.de; Reederei Riedel, Tel. 693 46 46, www.reedereiriedel.de; Reederei Triebler, Tel. 33 15 414, www.reederei-triebler.de; Reederei Bruno Winkler, Tel. 349 95 95, www.reedereiwinkler.de; Stern- und Kreisschifffahrt, Tel. 536 36 00, www.sternundkreis.de.

Umweltzone

Autos, die in die Innenstadt fahren, müssen durch eine Plakette gekennzeichnet sein (siehe auch S. 12). Alle Fahrzeuge mit geregeltem Katalysator sowie Dieselfahrzeuge nach Euro-Norm plus Partikelfilter erhalten einen Aufkleber, der nach Sauberkeit gestaffelt ist (Grün steht für besonders schadstoffarm, gefolgt von Gelb und Rot). Seit 2010 dürfen nur noch Kfz mit grünem Button in den Innenstadtbereich fahren. Besucher sollten also ihren Wagen entweder außerhalb des S-Bahn-Rings parken und mit öffentlichen Verkehrsmitteln weiterfahren oder eine Besucherplakette beantragen. Für in Deutschland zugelassene Fahrzeuge können Plaketten bei der Berliner Kfz-Zulassungsbehörde unter Angabe des Kfz-Kennzeichens über das Internet (www.berlin.de/labo/kfz/dienstleistungen/feinstaubplakette.shop.php) oder per Post (Landesamt für Bürger- und Ordnungsangelegenheiten, Referat Kraftfahrzeugzulassung, Ferdinand-Schultze-Str. 55, 13055 Berlin) bestellt werden. Nach Überweisung einer Gebühr von € 6 wird die Plakette per Post zugeschickt. Diesen Service bietet auch die Internetplattform www.umweltplakette.de. Dort erhalten Sie neben der Plakette für € 8,90 zudem Tipps rund um das Thema. Ausländische Fahrzeugbesitzer können bei der Kfz-Zulassungsbehörde in Berlin unter kfz-zulassung@labo.verwalt-berlin.de die Plakette schriftlich bestellen, wenn sie z. B. durch eine Herstellerbescheinigung belegen, dass ihr Auto abgasarm ist.

Unterkünfte

Fast alle Hotels haben Familienzimmer oder stellen gegen einen geringen Aufpreis ein drittes Bett ins Doppelzimmer. Besonders empfehlenswert sind Apartments, wenn Sie auch mal selbst kochen möchten. Etliche werden von Privatpersonen im Netz angeboten, gute Adressen sind www.all-berlin-apartments.com oder www.berlinapartment.de. Im Folgenden einige kinderfreundliche Unterkünfte:

Dittberner – Hotel Pension
Geräumige Familienzimmer bietet die 3-Sterne-Pension Dittberner im dritten Stock eines Berliner Altbaus, die sehr persönlich von Frau Lange geführt wird und freundliches Personal beschäftigt.
Wielandstr. 26, 10707 Berlin (Charlottenburg), Tel. 881 64 85, info@hotel-dittberner.de, www.hotel-dittberner.de. S-Bahn: Savignyplatz. DZ inkl. Frühstück € 97-133/Tag.

Hotel Steigenberger
Hier fühlen sich Große und Kleine wohl. Ein Kind bis zum Alter von 16 Jahren schläft im Zimmer der Eltern kostenfrei, ein separates Zimmer für Kinder (max. 2) ist um 50 % ermäßigt. Jedes Kind erhält ein Willkommensgeschenk, und auch für Betreuung ist gesorgt. Sonntags können Sie bis 18 Uhr auschecken!
Los-Angeles-Platz 1, 10789 Berlin (Charlottenburg), Tel. 212 70, info@steigenbergerhotelgroup.com, www.steigenberger.com/berlin. U-Bahn: Augsburger Straße. DZ inkl. Frühstück ab € 160/ Tag.

Radisson Blu Hotel, Berlin
Welches Hotel hat schon ein Aquarium in der Lobby, das sechs Stockwerke hoch ist? Der AquaDom, das größte zylinderartige Aquarium der Welt fasst eine Million Liter Wasser. Ein Fahrstuhl fährt durch die Wasserwelt, die zum Sea Life Center gehört (siehe Kasten S. 53). Ein Schwimmbad sowie ein Wellnessbereich sorgen für Spaß und Entspannung.

Das Radisson hat in der Lobby ein 25 Meter hohes Aquarium, den AquaDom

Karl-Liebknecht-Str. 3, 10178 Berlin (Mitte), Tel. 23 82 80, info.berlin@radissonblu.com, www.radissonblu.com. S-Bahn: Hackescher Markt. DZ exkl. Frühstück € 250-475/Tag.

Arte Künstlerhotel Luise
Hier durften Künstler die Zimmer gestalten, das finden auch Kinder super. Etwa wenn die Betten mit Kronen bemalt sind und ein Pferd aus der Wand zu springen scheint.
Luisenstr. 19, 10117 Berlin (Mitte), Tel. 28 44 80, info@luise-berlin.com, www.luise-berlin.com, U-/S-Bahn: Friedrichstraße. DZ € 179-210/Tag, Frühstück € 11/Pers.

Pension Knesebeck
3- und 4-Bett-Zimmer sind in dieser netten, preisgünstigen Pension nichts

Ungewöhnliches, und auch Kinder sind gern gesehene Gäste. Viele Sehenswürdigkeiten befinden sich in der Nähe, zum Beispiel der Zoologische Garten. *Knesebeckstr. 86, 10623 Berlin (Charlottenburg), Tel. 312 72 55, pensionknesebeck@aol.com, www.pensionknesebeck.de. S-Bahn: Savignyplatz. DZ inkl. Frühstück € 56-69/Tag, 3-Bett-Zi. € 77-84, 4-Bett-Zi. € 140-160/Tag.*

Steps
Auch Familien sind bestens untergebracht in dem im Ikea-Stil eingerichteten Weddinger Jugendhotel, das von einem schwäbischen Ehepaar sehr freundlich geführt wird. Die Mehrbettzimmer haben alle ein eigenes Bad mit Dusche und WC. Auf Wunsch können Sie auch Halbpension buchen.
Liebenwalder Str. 32, 13353 Berlin (Wedding), Tel. 45 79 84-0, www.steps-hotel.de. U-Bahn: Seestraße. DZ inkl. Frühstück € 77/Tag, 3-Bett-Zi. € 92/Tag, 4-Bett-Zi. € 122/Tag.

Park Inn Berlin Alexanderplatz
Wenn Sie einmal auf einem Aussichtsturm übernachten wollen, dann sind Sie hier am richtigen Ort. 21 Stockwerke hoch ist dieses Hotel, und ab dem 10. Stock hat man einen grandiosen Blick über die Stadt. Highlight: Dachterrasse mit Liegestühlen in 150 m.
Alexanderplatz 7, 10179 Berlin, Tel. 238 90, berlin.hotel@rezidorparkinn.com, www.parkinn-berlin.de. U-/S-Bahn: Alexanderplatz. DZ € 94-220/Tag, Frühstück € 17/Pers.

Ibis Berlin Ostbahnhof
Direkt an der Spree gelegen, können Sie schon morgens am Oststrand in der Nähe des Hotels Beachvolleyball spielen oder im Strandliegestuhl entspannen. Kinder bis 11 Jahre werden gratis im Zimmer der Eltern untergebracht.
An der Schillingbrücke 2, 10243 Berlin (Friedrichshain), Tel. 25 76 00, www.ibishotel.de. S-Bahn: Ostbahnhof. DZ ab € 75/Tag, Frühstück Erw. € 10, Kinder bis 12 J. die Hälfte.

Jugendherberge am Wannsee
Im Familientrakt der idyllisch am Wasser gelegenen Herberge bieten neun Familienzimmer mit jeweils vier Betten und eigenem Bad Eltern mit Kindern einen angenehmen Aufenthalt. Bettwäsche und Frühstück auf Wunsch inklusive.
Badeweg 1, 14129 Berlin (Nikolassee), Tel. 803 20 34, jh-wannsee@jugendherberge.de, www.jh-ernst-reuter.de. S-Bahn: Nikolassee. Familienzimmer

---

Achtung, Hütchenspiel!

Die Masche ist immer dieselbe: Eine Handvoll südländisch aussehender Männer spielt auf dem Gehweg mit mehreren Streichholzschachteln, unter einer verbirgt sich eine kleine Kugel. Ein Mitspieler muss raten, in welcher die Kugel steckt. Rät er richtig, bekommt er € 50, die er zuvor auf seinen Sieg gesetzt hatte. Passanten fallen schnell darauf rein und setzen ebenfalls Geld. Doch sie verlieren immer, denn der Gewinner gehörte todsicher zu den „Mitarbeitern" des Hütchenspielers.

Einkaufen & Mitbringsel

Berlin ist die Stadt der Schnäppchen. Aufgrund der schlechten Einkommenslage vieler Berliner gibt es hier die meisten Dinge des täglichen Lebens günstiger als etwa im Süden Deutschlands. Bekannt ist die Stadt aber auch für ausgefallenes Design und trendige Mode. Letzteres finden die Großen in Charlottenburg, am Ku'damm und rund um die Gedächtniskirche. Und weil in den Innenstadtbezirken Berlins wieder mehr Familien wohnen, blüht auch der Einzelhandel mit Babykleidung, Spielzeug und allen Dingen, die den Alltag mit Kindern erleichtern. Viel Spaß beim Stöbern!

Kinderkleidung

Selbst geschneiderte Kinderkleidung bis Größe 128 von guter Qualität findet im kinderreichen Bezirk Mitte bei **Bubble Kid** viele Abnehmer. Während die Eltern die passenden Pullover und Hosen aussuchen, können die Kleinen an einer Kreidetafel malen [Rosa-Luxemburg-Str. 7, 10178 Berlin (Mitte), Tel. 94 40 42 52, www.bubblekid.de. U-Bahn: Weinmeisterstraße. Mo-Fr 11.30-19, Sa 11.30-16 Uhr]. Nützliches wie Schnuller, Fläschchen und Hemdchen in ausgefallenem Design ist das tägliche Brot von **Nanito** [Sredzkistr. 57, 10405 Berlin (Prenzlauer Berg), Tel. 44 30 89 37, www.nanito.de. U-Bahn: Eberswalder Straße. Mo-Fr 10-19, Sa 10-18 Uhr]. Selten sind Kinder mit Schuhen zufrieden, bei **Kokami** schon: Bequeme Treter von Lepi, Elefanten und anderen soliden Firmen sind in großer Auswahl zu finden [Sredzkistr. 54, 10405 Berlin (Prenzlauer Berg), Tel. 81 79 83 53, U-Bahn: Eberswalder Straße. Mo-Fr 11-19, Sa 10-18 Uhr].

Spielzeug & Co

Die größte Spielwarenabteilung der Stadt hat das **Kaufhaus des Westens (KaDeWe)** [Tauentzienstr. 21-24, 10789 Berlin (Schöneberg), Tel. 21210, www.kadewe.de. U-Bahn: Wittenbergplatz. Mo-Do 10-20, Fr 10-21, Sa 9.30-21 Uhr]. Klein, aber fein ist der Altbau-Laden **Die kleine Gesellschaft**. Hier finden Sie Buddelzeug, Holzräder, Bücher, Puppen etc. in geprüfter Qualität [Rykestr. 41, 10405 Berlin (Prenzlauer Berg), Tel. 56 73 48 50, U-Bahn: Eberswalder Straße. Mo-Fr 10.30-18.30, Sa 10.30-17.30 Uhr]. In **Heidi's Spielzeugladen** gibt's keine piepsenden und knatternden Spielzeuge, stattdessen Puppenstuben, Kaufläden, Stofftiere, Bilderbücher [Kantstr. 61, 10627 Berlin (Charlottenburg), Tel. 323 75 56. U-Bahn: Wilmersdorfer Straße. Mo-Fr 9.30-18.30, Sa 9.30-14 Uhr].

Kids' Fashion im KaDeWe

Oder möchten Sie jemanden mit Juckpulver, Masken oder Pupskissen beglücken? Zauberartikel hat der **Zauberkönig** natürlich auch [Hermannstr. 84-90, 12051 Berlin (Neukölln), Tel. 621 40 82. U-Bahn: Leinestraße. Mai-Sep Mo-Do 13-18, Fr 10-18, Sa 10-13, Okt-April Mo-Fr 10-18, Sa 10-13 Uhr].

Flohmärkte

Kinder wie Erwachsene lieben es, sonntags trödeln zu gehen. Der kleine **Kiez-Trödelmarkt am Arkonaplatz** etwa lockt mit Spielzeug und Comic-Heften [10119 Berlin (Mitte), U-Bahn: Bernauer Straße. So 10-16 Uhr]. Auch auf dem **Boxhagener Platz** geht es gemütlich zu mit vielen Privatverkäufern und Kindern, die ihr Spielzeug verscherbeln [10245 Berlin (Friedrichshain), U-Bahn: Samariterstraße. So 9-16 Uhr]. Auf dem großen **Trödelmarkt an der Straße des 17. Juni** können Sie am Wochenende mit Glück ein paar Kuriositäten erstehen. Neben professionellen Händlern verkaufen hier auch Privatiers [zwischen S-Bahnhof

Stöbern im Ampelmann Shop in den Hackeschen Höfen

Tiergarten und Charlottenburger Tor, 10623 Berlin (Charlottenburg), S-Bahn: Tiergarten. Sa, So 10-17 Uhr]. Einer der größten Flohmärkte der Stadt findet am **Mauerpark** (siehe Tour 8, S. 72) statt und bietet T-Shirts von Berliner Designern sowie Kinderbücher und -kassetten zu meist niedrigen Preisen.

Typisch Berlin

Wer nicht nur auf das Brandenburger Tor als Briefbeschwerer aus ist, sollte unbedingt einen der **Ampelmann Shops** aufsuchen (siehe Tour 2, S. 43). Lampen, T-Shirts, Taschen und vieles mehr ziert das Männchen mit Hut, das zu DDR-Zeiten jede Ampel schmückte [Rosenthaler Str. 40-41, Hackesche Höfe V, 10178 Berlin (Mitte), Tel. 44 04 88 09, www.ampelmann.de, S-Bahn: Hackescher Markt. Mo-Sa 10-22, im Winter bis 20 Uhr, So 11-19 Uhr; Filialen im Untergeschoss der Potsdamer Platz Arkaden und am Spreeufer gegenüber vom Berliner Dom]. Typische Mitbringsel aus der Hauptstadt wie Büsten aus der Gipsformerei (siehe Kasten S. 84) von Friedrich II. sind auch in der **Buchhandlung Berlinstory** mit

---

Berliner Luft

Ganz umsonst ist der berühmte Duft der Berliner Luft als originelles Mitbringsel für die Lieben daheim. Einfach eine leere Glasflasche eine Weile draußen stehen lassen, Deckel drauf und mit einem selbst bemalten Etikett beschriften. Wer's eilig hat: In Souvenirabteilungen, etwa im KaDeWe oder Kaufhof am Alexanderplatz, gibt es die Luft auch in Dosen zu kaufen …

Für Leckermäuler daheim: Nudeln in Bären- oder Reichstagsform

der größten Auswahl an Berlin-Titeln in der ganzen Stadt erhältlich [Unter den Linden 40, 10117 Berlin (Mitte), Tel. 20 91 17 80, www.berlinstory-verlag.de. Tägl. 10-19 Uhr]. Plätzchen-Ausstechformen als Brandenburger Tor, originelle Taschen und andere Accessoires von über 400 Berliner Designern bietet das Kaufhaus **Aus Berlin** [Karl-Liebknecht-Str. 17, 10178 Berlin (Mitte), Tel. 41 99 78 96, www. ausberlin.de. U-/S-Bahn: Alexanderplatz. Mo-Sa 12-19 Uhr]. Alles, was der Mensch nicht braucht, aber witzig findet, hat seinen Platz bei **Edelramsch**, etwa Kuscheldöner, Taschen aus Lkw-Plane [Oranienburger Str. 16, 10178 Berlin (Mitte), Tel. 27 59 63 88, www.edelramsch.de. S-Bahn: Oranienburger Straße. Mo-Do 12-21, Fr/Sa 12-24, So 12-19 Uhr]. Eine Leistungsschau der Kreativität mit Döner-Quartett und Plattenbau-Memory bietet **Luxus International**. Jeder Designer mietet ein Fach und bietet darin seine Produkte an, sogar Kerzen in Fernsehturmform [Kastanienallee 101, 10405 Berlin (Prenzlauer Berg), Tel. 44 32 48 77. U-Bahn: Eberswalder Straße. Mo-Sa 11-20, So 13.30-19.30 Uhr].

Kulinarische Mitbringsel

Wenn Sie die Köstlichkeiten nicht schon vor der Heimfahrt vernaschen, überbringen Sie den Daheimgebliebenen doch ein paar lukullische Grüße – weitere Anregungen finden Sie in Tour 2 (siehe S. 39). Eine der ältesten Schokoladenhersteller Berlins ist **Hamann – bittere Schokoladen**. Ein Paradies für Fans edelbitterer Geschmacksaromen, verpackt mit Motiven von Berliner Stadtansichten [Brandenburgische Str. 17, 10707 Berlin (Wilmersdorf), Tel. 873 20 85, U-Bahn: Fehrbelliner Platz. Mo-Fr 9-18, Sa 9-13 Uhr]. Lakritz mit Schokolade? Das schmeckt nicht nur Kindern. Das kleine Fachgeschäft **Kadó** bietet neben solchen Kuriositäten auch Weingummi und Lakritz, die größte Auswahl in ganz Berlin. Samstags hat der Shop auch Stände auf Wochenmärkten, u. a. auf dem Winterfeldt- (Schöneberg) und Kollwitzplatz (Prenzlauer Berg) [Graefestr. 75, 10967 Berlin (Kreuzberg), Tel. 69 04 16 38, www.kado.de. U-Bahn: Schönleinstraße. Di-Fr 9.30-18.30, Sa 9.30-15.30 Uhr].

> ### Umsonstladen
> *Wenn Sie neuen Lesestoff, Kinderkassetten und anderes mehr suchen, sind Sie hier richtig. Einfach mitnehmen, ohne etwas zu zahlen, ist ausdrücklich erlaubt. Die Berliner Nachbarschaft sorgt für Nachschub in den Regalen. Kastanienallee 86, 10405 Berlin (Prenzlauer Berg). U-Bahn: Eberswalder Straße. Mo 15-18, Di 15-19, Mi 17-19, Do 16-20, Fr 14-18 Uhr.*

Feste und Veranstaltungen

In Berlin wird das ganze Jahr über gefeiert. Einige herausragende Ereignisse sind der Karneval der Kulturen im Mai, der Christopher-Street-Day im Juni und der Berlin-Marathon Ende September. Mit dem echten Karneval im Winter tun sich die Berliner allerdings schwer. Zwar gibt es einen Umzug, der ist jedoch so kärglich, dass karnevalserprobte Rheinländer regelmäßig in Tränen ausbrechen ob der missratenen Veranstaltung. Zu jeder Jahreszeit locken Rummel mit Fahrgeschäften, Highlight ist der Weihnachtsrummel auf dem Schlossplatz.

Januar
Sechstagerennen
Rennradstars radeln um die Wette im Velodrom, außerdem gibt es Shows und Konzerte. Sonntags ist Kindertag.
Paul-Heyse-Str. 26, 10407 Berlin (Prenzlauer Berg), Ticket-Tel. 44 30 44 30, www.sechstagerennen-berlin.de. S-Bahn: Landsberger Allee. € 30-54,

Ein bedeutendes Ereignis in der internationalen Filmbranche: die Berlinale

Familien (nur So, 2 Erw., bis zu 3 Kinder bis 16 J.) € 35.
Grüne Woche
Was essen Grönländer und Inder? Auf der weltgrößten Messe rund ums Essen bekommen Sie die Antwort.
Messegelände am Funkturm, Messedamm 22, 14055 Berlin (Charlottenburg), Tel. 30 38 20 28, igw@messe-berlin.de, www.gruene-woche.de. U-Bahn: Kaiserdamm. Erw. € 12, Kinder ab 6 J. € 8, Familien (2 Erw., 3 Kinder bis 14 J.) € 26.
Lange Nacht der Museen
Über 50 Museen öffnen bis Mitternacht.
Tel. 28 39 74 44, www.lange-nacht-der-museen.de.

Februar
Internationale Filmfestspiele
Zehn Tage Filmstars und neue Streifen an vielen Orten der Stadt. Das Kinderkino hat unter dem Titel „Generation" einen eigenen Bereich.
Tel. 25 92 00, www.berlinale.de.

März/April
Berliner Frühlingsfest
Mit mehr als 100 Schaustellern ist dieser Jahrmarkt der größte in ganz Berlin. Auf dem etwas abseits gelegenen zentralen Festplatz am Kurt-Schumacher-Damm geht es vier Wochen lang hoch her, Feuerwerk und Kindershows inklusive.
Kurt-Schumacher-Damm 207, 13405 Berlin (Reinickendorf). Bus X21, Haltestelle: Aristide-Briand-Brücke. Mo-Do 15-23, Fr 15-24, Sa 14-24, So 14-23 Uhr, € 1,50/Pers.

April
DFB-Pokalfinale
Endspiel um die Deutsche Meisterschaft. *Olympiastadion, 14053 Berlin (Charlottenburg), Ticket-Tel. 069-678 80. S-Bahn: Olympiastadion.*

April/Mai
Neuköllner Maientage
Rummel im Volkspark Hasenheide mit rund 90 Schaustellergeschäften. *Eingang Hasenheide, Kreuzberg, U-Bahn: Südstern oder Columbiadamm, Neukölln, Bus 104, Haltestelle: Sommerbad Neukölln. Eintritt frei.*

Mai
Theatertreffen der Jugend
Jugendtheatergruppen aus Deutschland spielen u. a. in der Freien Volksbühne. *Schaperstr. 24, 10719 Berlin (Wilmersdorf), Tel. 25 48 92 13, jugendwettbewerbe@berlinerfestspiele.de, www.berlinerfestspiele.de. U-Bahn: Spichernstraße.*
Internationale Luft- und Raumfahrtausstellung (ILA) (2012, 2014)
Düsenjets zum Anfassen auf dem Flughafen Schönefeld. *Tel. 30 38 20 54, info@ila-berlin.de, www.ila-berlin.de. Erw. € 17, Kinder € 1, bis 6 J. frei.*

Juni
Karneval der Kulturen
Interkultureller Faschingsumzug durch Kreuzberg, der drittgrößte der Welt! *Info-Tel. 60 97 70 22, www.karneval-der-kulturen.de.*
Fête de la musique
Internationale Bands spielen überall in der Innenstadt umsonst und draußen.

> ### Hertha gegen den Rest der Welt
> Wie wäre es mit dem Besuch eines Bundesligaspiels im Olympiastadion? Hertha BSC gegen Schalke oder Werder Bremen sorgt für Stimmung in der Arena (Olympischer Platz 3, 14053 Berlin (Charlottenburg), Tel. 30 68 81 00, S-Bahn: Olympiastadion). Tipp: Es gibt Familientickets für € 9,50, Kinder (5-16 J.) zahlen € 8. Ticket-Tel. 01805-18 92 00 (€ 0,14/ Min.), www.herthabsc.de. Außerdem gibt es Karten u. a. im Fanshop Europa-Center am Breitscheidplatz in Charlottenburg, Mo-Sa 10-20 Uhr.

Info-Tel. 449 25 94, hallo@fetedelamusique.de, www.fetedelamusique.de.
Christopher Street Day
Schrille Parade und Demonstration für die Rechte von Schwulen und Lesben. *Info-Tel. 23 62 86 32, info@csd-berlin.de, www.csd-berlin.de.*

Juni/Juli
Deutsch-Französisches Volksfest
Eine riesige Achterbahn ist von Mitte Juni bis Mitte Juli der Hit. Aber auch viele andere Fahrgeschäfte ziehen Groß und Klein in ihren Bann. Frankreich steht jedes Jahr Pate bei diesem Rummel, dementsprechend viele Kräuterbaguettes und französische Lebensart werden hier geboten. *Kurt-Schumacher-Damm 207, Berlin (Reinickendorf), Bus X21, Haltestelle:*

Aristide-Briand-Brücke. Mo-Do 15-23, Fr 15-24, Sa 14-24, So 14-23 Uhr, € 1,50/Pers.

August
Lange Nacht der Museen
(siehe Januar)
Internationale Funkausstellung
Unterhaltungs- und Elektronikmesse mit Shows und TV-Stars.
Messegelände am Funkturm. Messedamm 22, 14055 Berlin (Charlottenburg), Tel. 303 80, U-Bahn: Kaiserdamm. Erw. € 11, Schüler € 6, Familien (max. 2 Erw., 3 Kinder) € 31, Kinder bis 6 J. frei.

September
real,– Berlin-Marathon
Mehr als 35 000 Teilnehmer laufen, rollen und skaten um die Wette.
Infotel. 30 12 88 10, www.berlin-marathon.de.
Internationales Literaturfestival
Vier Tage Lesungen mit vielen bekannten (Kinderbuch-)Autoren.
Infos, Tel. 27 87 86 20, info@literaturfestival.com, www.literaturfestival.com.

September/Oktober
Berliner Oktoberfest
„Bayern in Berlin" ist das Motto dieses zünftigen Rummels, der drei Wochen lang den Herbstanfang einläutet. Neben rund 50 Schaustellergeschäften gibt es Höhenfeuerwerke, bayerische Trachtenbands sowie ein riesiges Festzelt mit bayerischen Spezialitäten.
Kurt-Schumacher-Damm 207, 13405 Berlin (Reinickendorf), Bus X21, Haltestelle: Aristide-Briand-Brücke. Mo-Do 15-23, Fr 15-24, Sa 14-24, So 14-23 Uhr, € 1,50/Pers.

November
Berliner Märchentage
An vielen Orten gibt es Lesungen und Veranstaltungen für Kinder. Größtes Märchenfestival der Welt!
Weitere Infos unter Tel. 34 70 94 78, info@maerchenland-ev.de, www.maerchenland-ev.de.

Dezember
Hippologica
Messe für Pferdefans mit Reitturnieren und jeder Menge Ponys zum Streicheln.
Messegelände am Funkturm, Messedamm 22, 14055 Berlin (Charlottenburg), Tel. 303 80, www.hippologica.de. U-Bahn: Kaiserdamm. Erw. € 12, Kinder (6-14 J.) € 9, Familien (2 Erw., 2 Kinder) € 30.
Weihnachtsmärkte
u. a. am Gendarmenmarkt, Alexander- und Breitscheidplatz. *Infotel. 25 00 25, www.visitberlin.de.*

Karneval der Kulturen

Flora & Fauna

Ein Dschungel ist Berlin natürlich keineswegs, dennoch machen mehr als 400.000 Straßenbäume, unzählige Parks, fünf Wälder sowie eine riesige Zahl an Kleingärten und anderen privaten Grünanlagen das Stadtleben angenehmer. Mehr als ein Drittel der Stadtfläche ist begrünt. Allerdings befinden sich viele Bäume und Pflanzen eher am Stadtrand, etwa im Grunewald, im Forst Düppel im Südwesten, im Spandauer und Tegeler Forst im Nordwesten und in den Waldgebieten im Bezirk Köpenick im Südosten von Berlin.

In der Innenstadt entwickelt sich die Artenvielfalt besonders im Tiergarten und auf Brachflächen, von denen es immer noch eine ganze Menge gibt. Da Berlin sozusagen auf märkischem Sand gebaut ist, fühlen sich hier vor allem Pflanzen wohl, die nicht viel Hege und Pflege brauchen. Linde und Ahorn sind neben der Kastanie die am häufigsten vorkommenden Straßenbäume. In den Berliner Mischwäldern herrschen Kiefern vor, aber auch Eichen und Buchen. In der Dämmerung tummeln sich in den Berliner Parks Füchse, Marder, Fledermäuse und natürlich jede Menge Igel. Naturforscher gehen davon aus, dass in Großstädten wie Berlin die Artenvielfalt höher ist als auf dem Land, da dort wegen der intensiven Landwirtschaft viele Tiere und Pflanzen keinen Lebensraum mehr finden. In den Städten hingegen herrscht ein dichtes Nebeneinander von unterschiedlichen Lebensräumen: von heiß-trockenen Flächen entlang von Bahngleisen bis zu feuchtschattigen Stadtgewässern, fruchtbaren Ackerböden in Privatgärten und nährstoffarmen Sandflächen auf Brachen.

Begrünte Höfe

Hinter manchem unscheinbaren Berliner Mietshaus liegt eine grüne Oase. Hofgärten und -begrünung dienen nicht nur der Erholung der Bewohner, sondern sorgen auch für bessere Luft und gesundes Klima. Die Höfe liegen meist in privaten Mehrfamilienwohnhäusern, daher ist eine Besichtigung nicht so ohne Weiteres möglich. Die **Grüne Liga Berlin** *bietet jedoch regelmäßig Führungen an und zeigt einige der schönsten Hofgärten der Stadt (Info-Tel. 44 33 91 49, www.berlingoesgreen.de).*

Sibirische Steppe und brasilianischer Dschungel

Exotische Gewächse bietet der **Botanische Garten**, der größte seiner Art in Europa. Auf 43 ha vereinen sich sibirische Steppe, brasilianischer Dschungel, deutscher Wald und japanischer Garten. Mehr als 22.000 Pflanzen sprießen um die Wette. Highlight ist das Große Tropenhaus mit Pflanzen des Amazonasgebietes. Die Blätter der Riesenseerose, die dort in einem Teich dümpelt, haben einen Durchmesser von bis zu 2 m! Lange hält man es nicht aus in der Treibhausluft, und ein Spaziergang im Arboretum mit Baumfamilien aus aller Welt bringt den Kreislauf wieder in Schwung.
[Königin-Luise-Str. 6-8, 14191 Berlin

(Steglitz), Tel. 83 85 01 00, www.botanischer-garten-berlin.de. S-Bahn: Botanischer Garten. Tägl. 9-16 Uhr, im Sommer bis 20 Uhr, Erw. € 6, Kinder ab 6 J. € 3, Familien € 12].

Interkulturelle Gärten

Berliner aus den unterschiedlichsten Herkunftsländern bauen gemeinsam Obst und Gemüse an, züchten Blumen und feiern Feste – das ist der Hintergrund der interkulturellen Gärten. In Berlin gibt es mehr als zwanzig davon. In Friedrichshain etwa laden die **Laskerwiesen** zur Besichtigung ein [zwischen Persius-, Bödiker- und Laskerstraße, 10245 Berlin (Friedrichshain), Tel. 29 77 26 14. S-Bahn: Ostkreuz]. Einen interkulturellen Garten der besonderen Art pflegt das Ökowerk im Grunewald (siehe Tour 7, S. 66). Dort werden asiatische Getreidesorten und andere Pflanzen mit Migrationshintergrund angebaut.

Berlins Central Park

Berlins größte Parkanlage, der **Tiergarten**, ist die Lunge der Innenstadt und vergleichbar mit dem Central Park in New York. Auf dem rund 207 ha großen Areal winken nicht nur lauschige Wiesen und Schatten spendende Bäume, sondern auch exotische Tiere im Zoologischen Garten (siehe S. 88). Das Grün im Herzen ist mühelos mit S-Bahn, Auto oder Bus zu erreichen. Für Ausflüge eignet sich der Rosengarten südöstlich der Straße des 17. Juni. Dort duftet es von Juni bis Oktober so betörend, dass man den Park nicht mehr verlassen mag [zwischen Entlastungsstraße, Spree und Tiergartenstraße, S-Bahn: Tiergarten].

Sportlerparadies und Erholungspark

Der älteste Park Berlins – eröffnet 1848 – ist der **Volkspark Friedrichshain**, heute ein wahres Unterhaltungseldorado mit mehr als 40 Beachvolleyball-Courts, Skater- und Tennisanlage sowie verschiedenen Spielplätzen [Tram M 5, 6, 8: Haltestelle Platz der Vereinten Nationen, M10: Haltestelle Paul-Heyse-Straße]. Echtes China-Feeling erlebt, wer Europas größten chinesischen Garten besucht. Auf dem Gelände des 21 ha großen **Erholungspark Marzahn** gibt es auch einen japanischen, einen balinesischen, einen islamischen und einen orientalischen Garten. Viele fürs hiesige Klima exotische Pflanzen wachsen hier: Orangen, Granatapfel, Oliven, Maulbeerbäume und natürlich Palmen – Hanfpalmen etwa zieren den Orientalischen Garten. [Eisenacher Str. 99, 12685 Berlin (Marzahn), Tel. 700 90 66 99, info@gaerten-der-welt.de, www.erholungspark-marzahn.de. Bus 195, Haltestelle: Erholungspark Marzahn. Erw. €3, Kinder € 1,50].

Im Frühjahr entfalten Krokusse ihre Pracht in Berliner Parks

Geschichte

Rund 775 Jahre ist es her, dass am Flusslauf der Spree zwei Siedlungen entstanden, die heute das Herz einer Millionenstadt sind. Dort, wo Berlin und Cölln als Handelsposten ihre Anfänge nahmen, tummeln sich heute unweit der Jannowitzbrücke zwei Berliner Bären im Zwinger (siehe Tour 3, S 44). Viel ist nicht mehr übrig aus den ganz frühen Zeiten der Stadt, die Fundamente der Nikolaikirche im Nikolaiviertel vielleicht. Schnell ging es bergauf mit den Ortschaften im sumpfigen Gebiet, die zwischen den damals schon existierenden Städten Köpenick und Spandau lagen. Mitte des 14. Jh. übernahmen die Hohenzollern die Macht und gaben sie erst mit dem Ende der Monarchie 1918 wieder aus den Händen. Viele Könige kamen und gingen, die Reformation hielt Einzug, der Dreißigjährige Krieg 1618-48 zerstörte die Stadt fast komplett. Der Konflikt zwischen Protestanten und Katholiken sowie den Habsburgern und Franzosen forderte auch in Berlin Tausende Tote. Hundert Jahre später lebten Katholiken und Protestanten wieder einträchtig nebeneinander. Die toleranten Hohenzollernherrscher, u. a. Friedrich I., erlaubten Ende des 17. Jh. Tausenden Hugenotten – französischen Protestanten – nach Berlin zu ziehen, zeitgleich machten sich auch viele schlesische Katholiken auf den Weg, um an der Spree eine neue Existenz aufzubauen. Infolgedessen wurden Ende des 18. Jh. riesige Kirchen gebaut, etwa der Französische Dom für die Hugenotten sowie die St. Hedwigskathedrale für die Schlesier.

> **Deutsche Geschichte**
> Wer sind die Deutschen, und wo kommen sie her? Solche Fragen werden unterhaltsam und lehrreich im **Deutschen Historischen Museum** beantwortet. Wie sich die Menschen früher kleideten, Lebensformen im Mittelalter und Kriege sind weitere Themen. Interessante Kinder- und Familienführungen! Unter den Linden 2, 10117 Berlin (Mitte), Tel. 20 30 44 44, fuehrung@dhm.de, www.dhm.de. U-/S-Bahn: Friedrichstraße. Tägl. 10-18 Uhr, Erw. € 5, Kinder bis 18 J. frei.

Hauptstadt des Dritten Reiches

Die über alle Grenzen weit hinaus bekannte Toleranz in Religionsfragen war 200 Jahre lang Grund für viele weitere Migranten, nach Berlin zu ziehen. Das änderte sich erst mit dem zunehmenden Antisemitismus Anfang des 20. Jh., der in der Machtübernahme Adolf Hitlers gipfelte. In der Nacht vom 9. zum 10. November brannten viele jüdische Geschäfte, Scheiben wurden eingeworfen und Wohnungen geplündert. Von einstmals 160.000 Juden lebten 1939 nur noch 75.000 in Berlin. Die meisten waren emigriert. Am 18. Oktober 1941 fuhr am Bahnhof Grunewald der erste Zug mit Juden in Richtung Konzentrationslager ab, 62 weitere folgten.
In einer Villa am Wannsee, die heute eine **Gedenkstätte** ist, wurde 1942 der systematische Massenmord beschlossen

und koordiniert [Haus der Wannsee-Konferenz, Am Großen Wannsee 56-58, 14109 Berlin (Wannsee), Tel. 805 00 10. Tägl. 10-18 Uhr, Eintritt frei].
Über 50.000 Berliner jüdischen Glaubens wurden bis Kriegsende in Konzentrationslager verschleppt, wo fast alle ermordet wurden. Nur 1.200 Juden überlebten in Berlin, häufig durch Hilfe von Nachbarn und Freunden, die sie versteckten. Heute erinnern viele „Stolpersteine" (www.stolpersteine.com) aus Messing in den Gehwegplatten an die Schicksale der jüdischen Berliner. Ein kleines Museum, die **Blindenwerkstatt Otto Weidt**, erinnert an das mutige Engagements Weidts, der jüdische Mitbürger deckte [Rosenthaler Str. 39, 10178 Berlin (Mitte), Tel. 28 59 94 07, info@museum-blindenwerkstatt.de, www.blindes-vertrauen.de. Tägl. 10-20 Uhr, Eintritt frei].

Die Luftbrücke

Im Zweiten Weltkrieg wurde Berlin zu großen Teilen zerstört. Die Innenstadt, besonders im Westen, war ein einziges Trümmerfeld, im Tiergarten stand kein Baum mehr, viele Berliner hungerten. Die Stadt wurde nach der Kapitulation in vier Sektoren aufgeteilt. Im Osten regierten die Russen, im Norden die Franzosen und Engländer, im Süden die US-Amerikaner. Bis zur Wende hatten die Alliierten Einfluss auf das Geschehen in der geteilten Stadt und waren mit Soldaten und Waffen präsent.
Der Streit zwischen Ost- und Westmächten eskalierte 1948 und beschwor die Berlin-Blockade herauf. Westberlin war von einem Tag auf den anderen über den Landweg nicht mehr zu erreichen.

Insgesamt wurden von Juni 1948 bis Mai 1949 490.000 Tonnen Nahrungsmittel, 1,44 Millionen Tonnen Kohle sowie 160.000 Tonnen Baustoffe, u. a. zum Ausbau der Flughäfen, eingeflogen. Allein an einem Wochenende landeten bis zu 1.400 Flugzeuge, alle drei Minuten eines.

Kalter Krieg und Mauerzeit

1949 ernannte die neu gegründete DDR Ostberlin zu ihrer Hauptstadt. Westberlin behielt seinen Sonderstatus unter der Regie der Alliierten. Die Westberliner lebten bis zur Wiedervereinigung nicht auf bundesrepublikanischem Boden, hatten eigene Ausweise und durften nicht zum Wehrdienst eingezogen werden. Da Millionen Menschen die Flucht vor dem DDR-System ergriffen, erteilte die dortige Regierung 1961 den Auftrag, eine Mauer in Berlin zu errichten sowie militärisch gesicherte Grenzanlagen. Eine Flucht war von da ab nur noch

Stolpersteine erinnern an das Schicksal jüdischer Berliner

unter Lebensgefahr möglich. Viele DDR-Bewohner wurden aufgrund von aufgeflogenen Fluchtplänen oder -versuchen verhaftet. Die meisten kaufte die Bundesrepublik nach einigen Jahren oder Monaten im Gefängnis frei. Rund 35 Milliarden Mark wurden dem DDR-Regime dafür gezahlt.

„Stasi-Spitzel"
Allein in Ostberlin arbeiteten rund 40.000 Bewohner für das Ministerium für Staatssicherheit (Stasi), DDR-weit waren es 90.000. Zudem gab es insgesamt 170.000 inoffizielle Mitarbeiter, die Nachbarn, Freunde und Verwandte aushorchten. Ein Rundgang durch das noch bestehende **Archiv des Ministeriums für Staatssicherheit** macht deutlich, wie akribisch die Stasi Daten über DDR-Bürger sammelte. Führungen finden nach Anmeldung an jedem 1. Dienstag im Monat um 17 Uhr statt [Ruschestr. 103, Eingang Haus 7, 10365 Berlin (Lichtenberg), Tel. 23 24 66 99, archivfuehrungen@bstu.bund.de, www.bstu.bund.de, U-Bahn: Magdalenenstraße. Eintritt frei].
Im **Stasi-Gefängnis** in Hohenschönhausen führen ehemalige Häftlinge durch die heutige Gedenkstätte und berichten von den menschenverachtenden Zuständen damals [Genslerstr. 66, 13055 Berlin (Hohenschönhausen), Tel. 98 60 82 30, besucherdienst@stiftung-hsh.de, www.stiftung-hsh.de. Tram M6, Haltestelle: Genslerstraße. Rundgänge Mo-Fr stündl. 11-15, Sa, So stündl. 10-16 Uhr, Erw. € 5, erm. € 2,50, Schüler € 1].

Nach der Wende
Mit dem Fall der Mauer am 9. November 1989 begann eine neue Ära für die Stadt.

> ### Stasi-Museum
> *Im Berliner Stadtteil Lichtenberg befindet sich das riesige Areal des ehemaligen Ministeriums für Staatssicherheit. Wie bei James Bond benutzte die Stasi Wanzen, versteckte Infrarotstrahler für Nachtaufnahmen, Waffencontainer (Schießkoffer) und vieles mehr, was in der Austellung zu sehen ist. Ruschestr. 103, Haus 1, 10365 Berlin (Lichtenberg), Tel. 553 68 54, info@stasimuseum.de, www.stasimuseum.de. U-Bahn: Magdalenenstraße. Mo-Fr 11-18, Sa, So 14-18 Uhr. Erw. € 5, Schüler € 3.*

Die Alliierten zogen ihre Truppen ab, Berlin wurde zur Hauptstadt der Bundesrepublik Deutschland ernannt. Rund um den Reichstag (siehe Tour 4, S. 49) entstand ein neues Regierungsviertel. Gut die Hälfte aller Regierungsangestellten und -behörden siedelte von Bonn nach Berlin um. Im Reichstag tagt seit 1999 regelmäßig der Bundestag.
Als Handelsdrehscheibe zwischen West- und Osteuropa sowie als Wissenschafts- und Dienstleistungsmetropole erholt sich Berlin auch wirtschaftlich von den Folgen der Teilung.
Seit 2006 hat Berlin einen neuen Hauptbahnhof, den größten Europas. Im selben Jahr wurde die Stadt von der UNESCO zur City of Design gekürt, eine Anerkennung für die kreativen Leistungen der Stadt, die mehr denn je viele Besucher aus der ganzen Welt anzieht.

Sport

Berlin bietet eine Fülle an Möglichkeiten, sich sportlich zu betätigen – Spaß und Unterhaltung sind dabei garantiert. Vor allem die zahlreichen Parks bieten Bewegungsfreudigen reichlich Auswahl: Sie laden nicht nur zum Walking oder Joggen ein, oft gibt es auch Beachvolleyball-Courts, Kletterwände oder Tennisplätze neben den gewohnten Basketball- und Fußballfeldern. Auch Wasserratten müssen sich nicht langweilen: In jedem Stadtbezirk gibt es mindestens ein Hallenbad, die Adressen finden Sie unter www.berlinerbaederbetriebe.de.

Skatehalle

Die 1.200 qm große Skatehalle mit Europas größter Halfpipe ist der Traum vieler Teens und Twens, die sich hier tagtäglich tummeln. Coole Location, Mädchen sind ausdrücklich willkommen! Revaler Str. 99, Tor II, 10245 Berlin (Friedrichshain), U-/S-Bahn: Warschauer Straße. Mo 14-20, Di, Mi, Fr 14-24, Do 14-22, Sa 11.30-24, So 11.30-20 Uhr, während der Berliner Schulferien tägl. ab 12 Uhr, Erw. € 5, Kinder unter 14 J. € 4.

Beachvolleyball
Deutschlands größtes **Indoor Beach Center** befindet sich im Berliner Norden in der Nähe des U-Bahnhofs Wittenau [Königshorster Str. 11-13, Tel. 41 40 88 88, www.beachberlin.de. Tägl. 10-24 Uhr, Courtmiete € 20-30]. Auf sieben überdachten Courts und 1.800 qm beheizbarer Sandfläche toben sich Jung und Alt bei schlechtem Wetter aus. Scheint die Sonne, treffen sich die Volleyballer lieber auf den drei Außenplätzen oder im „Beachmitte" (siehe Tour 5, S. 57). Kostenfreie Anlagen befinden sich im Volkspark Friedrichshain (siehe S. 119) sowie am Oststrand, am Spreeufer gegenüber vom Ostbahnhof (Friedrichshain).

Den Umgang mit Maske und Flasche lernen kleine Taucher beim Tauchkurs

Tauchen
Mit Flossen, Taucheranzug und Sauerstoffflasche können Kinder auf Tauchkurs gehen. Geübt wird in der Schwimmhalle des Kinderkulturzentrums FEZ (siehe S. 94). Kinder ab acht Jahren können beim sogenannten Bubblemaker-Programm in Begleitung eines erfahrenen Tauchlehrers im Schwimmbad oder im flachen Wasser des Helenesees bei Frankfurt/Oder tauchen lernen. Nach einer theoretischen Erklärung starten die Kinder im Nichtschwimmerbecken, um dann in den tieferen Teil des Pools bis zu einer Tiefe von maximal 2 Metern zu tauchen. [Tauchcenter Action Sport, Paulstr. 24, 10557 Berlin (Tiergar-

ten), Tel. 393 03 93, info@taucherbrille.de, www.action-sport-bln.de. Jeden 1. u. 3. Sa im Monat ab 18 Uhr. Kinder € 30 pro Termin].

Golfresort Pankow
Im Norden Berlins befindet sich die 18-Loch-Anlage **Golfresort Pankow** mit schönem Clubhaus und Restaurant. Gelegenheit für Gäste, auf der Driving-Range zu putten, gibt es jederzeit. Auch ein kleiner Übungsplatz lädt ein, es mal mit dem kleinen, weißen Ball zu versuchen [Blankenburger Pflasterweg 40, 13129 Berlin, Tel. 50 01 94 90, info@golf-pankow.de, www.golf-pankow.de, Schnupperkurs jeden Sa 2 x 60 Min. € 35]. In der Nähe des Flughafens Tegel am Kurt-Schumacher-Damm 176 können Gäste im **Aiport-Golf-Club** putten [Tel. 41 40 03 00, www.airport-golf-berlin.de. Bus 121, 128, 225, X21, Haltestelle: Zentraler Festplatz. Tägl. 8-22 Uhr, 200 Bälle € 28, Leihschläger € 2, Kinder bis 14 J. frei].

Joggen
Der beliebteste Sport der Berliner. „RBB-Laufbewegung" heißt Berlins größter Lauftreff jeden Samstag um 14 Uhr im Tiergarten zwischen Hofjägerallee und Straße des 17. Juni. Trainer stehen für alle Leistungsstufen bereit. Das Angebot ist gratis, ein Einstieg jederzeit möglich. Beim Lauftreff für Frauen begleiten erfahrene Trainer die Läuferinnen und geben Tipps. Das Training beginnt samstags um 17 Uhr im Tiergarten am Haus der Kulturen der Welt (John-Foster Dulles-Allee). Die Teilnahme ist kostenlos und jederzeit möglich. Für Anfänger ist der kostenlose „AOK Frühstückslauf" gedacht. Start ist samstags 9 Uhr am Mommsenstadion in Charlottenburg.

Inlineskaten
Schöne Strecken zum Üben und Auspowern gibt es eine ganze Reihe: Im Volkspark Friedrichshain (siehe S. 119) befindet sich ein 700 m langer Asphaltrundkurs für Anfänger und Fortgeschrit-

Berlins schönstes Revier: Segeln auf dem Wannsee

Boule

*In Berlin liebt man den französischen Kugelsport: Mehr als ein Dutzend öffentliche Bahnen laden zum Mitmachen ein. Der **Bouleplatz am Mauerpark** (Prenzlauer Berg, U-Bahn: Eberswalder Straße) ist im Sommer jeden Tag ab 17 Uhr Treffpunkt für Amateure. Mitmachen kann jeder, der Kugeln mitbringt. In Kreuzberg treffen sich Boulespieler im Sommer jeden Freitag um 18.30 Uhr, um ein Turnier auszutragen (Paul-Linke-Ufer zwischen Forster und Liegnitzer Straße, U-Bahn: Görlitzer Bahnhof).*

tene. Als beste Piste gilt Skatern die 12 km lange, parallel zur Stadtautobahn Avus verlaufende Strecke am Grunewald entlang (siehe S. 65). Dreimal jährlich findet die Skate-Night (Termine unter www.skate-night-berlin.de) statt, eine Art Demo auf Rollen durch Berlin. Für Anfänger ist diese Veranstaltung ungeeignet. Mitmachen ist kostenlos.

Klettern

Klettern und kraxeln ist in Berlin trotz mangelnder Berge möglich. In Friedrichshain in der Revaler Straße 99 gibt es 75 verschiedene Routen an einem fast 20 m hohen **Bunker-Kegel** [Tel. 66 76 68 37, www.derkegel.de. U-/S-Bahn: Warschauer Straße. Mo 14-23, Di-So 12-23 Uhr, Erw. € 4, Kinder € 3, Ausrüstung € 10/Pers. u. Tag]. Der Deutsche Alpenverein bietet einen Kletterturm in der Schöneberger Alvenslebenstraße (Tel. 03322-42 78 35) sowie die „Schwedter Nordwand" im Prenzlauer Berg (siehe S. 73). In der **T-Hall** kann man zwischen 180 Kletterrouten wählen [Thiemannstr. 1, 12059 Berlin (Neukölln), Tel. 68 08 98 64, www.t-hallberlin.de. Mo-Fr 12-24 Uhr, Sa, So 10-22 Uhr, Erw. € 7,50-12,50, Schüler € 4-6, Kinder bis 8 J. € 4]. Ebenfalls in einer Halle kraxelt man im **Magic Mountain** (siehe Kasten S. 19).

Segeln

An folgenden Segelschulen können Sie Boote stundenweise mieten. Voraussetzung ist ein Sportbootführerschein.
Segelschule Berlin, Friederikestr. 24, 13506 Berlin (Tegelort), Tel. 431 11 71, www.segelschule-berlin.de. Büro: Mo-Fr 17-19, Sa/So 10-12 u. 13-15 Uhr. Jolle € 12/Std., € 72/Tag, Kielboot € 18/Std., € 108/Tag, Kaution € 100. Boote am Tegeler See.
Segelschule Große Freiheit, Fidicinstr. 3, 10965 Berlin (Kreuzberg), Tel. 690 409 43, www.segelschule-grosse-freiheit.de. Büro: Mo-Fr 14-19, Sa 9-12 Uhr, Jolle/Kielschwerter € 40/3 Std., € 90/Tag. Boote am Wannsee.
Segelschule Hering, Forckenbeckstr. 9-13, Haus 206, 14199 Berlin (Wilmersdorf), Tel. 861 07 01, www.segelschule-hering.de. Büro: Mo-Fr 13-19 Uhr. Jolle € 45/3 Std., € 75/Tag. Boote am Wannsee „Am großen Fenster".
Surf- und Segelschule Müggelsee, Fürstenwalder Damm 838, 12589 Berlin (Köpenick), Tel. 6 48 15 80, www.wassersport-berlin.de. Büro: April-Okt tägl. 10-19, Nov-März tägl. 10-16 Uhr. Jolle € 15/Std., € 90/Tag. Boote Müggelsee, Tretboot €6/Std

Index

A, B
Abenteuerspielplatz Humboldthain 56
Alte Nationalgallerie 62
Ampelmann Shop 43, 113
Ankunft/Anreise 102
Aquarium Berlin 90
Archenhold Sternwarte 50
ARD-Hauptstadtstudio 8
Arte Künstlerhotel Luise 110
Atelier freiraum 107
Atombunker 57
Atze-Musiktheater 91
Aus Berlin 114
Aussichtsplattform am Potsdamer Platz 52
Autovermietung 103
Babysitter 103
Badeschiff 18
Bärenzwinger 44
Beachmitte 57
Beachvolleyball 123
Berlinale 115
Berliner Dom 40
Berliner Frühlingsfest 115
Berliner Märchentage 117
Berliner Oktoberfest 117
Berliner Spezialitäten 14
Berliner Unterwelten 54
Berliner Wassertaxi 61
Biosphäre Potsdam 96
Blindenwerkstatt Otto Weidt 121
Bode-Museum 62
Bonbonmacherei 41
Botanischer Garten 118
Boule 125
Brandenburger Tor 50
Bubble Kid 112
Bundestag-Führung 50
Burg Rabenstein 98
Buslinie 100 7
BVG 104

C, D, E
Cabuwazi Kinderzirkus 77
Café am Neuen See 84
Café Manolo 69
Café Schönbrunn 38
Camping 104
Checkpoint-Charlie-Museum 7
Christopher Street Day 116
City of Design 122
Crêpestation 14
DDR-Museum 63
Deckshaus 80
Deusche Oper 75
Deutsches Technikmuseum 87, 52
Deutsch-Französisches Volksfest 116
DFB-Pokalfinale 116
Die kleine Gesellschaft 112
Die Turnhalle 37
Dittberner 110
East Side Gallery 81
Edelramsch 114
Einkaufen & Mitbringsel 112
Einsteinhaus 32
Eisdiele Lübars 23
Eislabor 71
Erholungspark Marzahn 119
eßkultur 74
Exploratorium 97, 47

F, G
Fabrik Osloer Straße 91
Fahrradverleih 105
Fassbender & Rausch 39
Felleshus 35
Fernsehturm 53
Feste und Veranstaltungen 115
Fête de la musique 116
FEZ 94
FEZitty 94
Filmmuseum 76
Filmpark Babelsberg 97
Flakbunker 55
Fläming-Therme 98
Flohmärkte 113
Flora & Fauna 118
Flussbad Krokodil 24
Flughäfen 102
Focacceria 70
Forstamt Grunewald 65
Forsthaus Templin 32
frannz-Club 71
Französischer Dom 40
Freibad Lübars 23
Freibad Prinzenstraße 36
Freizeitpark Tegel 21
Fresh Eatery 41
Füchse Berlin 73
Fundbüro 106
Gedenkstätte Berliner Mauer 56
Geisterbahnhöfe 55
Gendarmenmarkt 39
Geschichte 120
Gipsformerei 84
Görlitzer Park 36
Grillwiese 84
GRIPS Theater 77
Grüne Woche 115
Grunewald 64
Grunewaldsee 65
Grunewaldturm 68
Gruselkabinett 58

H, I, J
Hackesche Höfe 13
Hamann – bittere Schokoladen 114
Hans Haake 50
Hauptbahnhof 103
Haus der Kulturen der Welt 35
Heckmann Höfe 41
Heidi's Spielzeugladen 112
Hertha BSC 116
Hexenkessel-Hoftheater 80, 78
Hippologica 117
Historischer Hafen 79
Hochseilgarten 37
Hofbäckerei 42
Holocaust-Denkmal 51
Hotel Steigenberger 110
Hugenottenmuseum Berlin 40
Humboldthain 19
Ibis Berlin Ostbahnhof 111
Imax 3D-Kino 82
Imbiss am Reichstag 16
Inlineskaten 124
Interkulturelle Gärten 119
Internationale Filmfestspiele 115
Internationale Funkausstellung 117
Internationale Luft- und Raumfahrtausstellung 116
Jacks Fun World 107
Jagdschloss Grunewald 66
Joggen 124
Jugendherberge am Wannsee 111

K, L
KaDeWe 112
Kadó 114
Käfer Berlin 49

Kantine des
    Berliner Ensembles 76
Karneval der Kulturen 116
Kinderbauernhof
    Görlitzer Park 36
Kleine Orangerie 84
Kleiner Wasserspeicher 69
Klettern 36, 73, 125
Knut 48
Kokami 112
Kolle 37 73
Konzerthaus Berlin 40
Kulturbrauerei 71
Labyrinth Kindermuseum 91
Lange Nacht der Museen 115, 117
Legoland 82
Loxx am Alex 86
Luxus International 114

M, N
MACHmit! Kindermuseum 70
Magic Mountain 19, 125
Märkisches Museum 45
Mauerpark 113, 72
Medizinische Versorgung 107
Moby Dick 30
Molecule Men 36, 81
Monbijoubad 18
Monbijoupark 41
Mount Mitte 37
Müggelsee 26
Museumsinsel 59
Nanito 112
Naturkundemuseum 46
NaturTherme Templin 100
Neue Synagoge 41, 42
Nordische Botschaften 35
Notrufe 107

O, P, Q
Oberbaumbrücke 36, 81
Öffnungszeiten 108
Ökowerk 66
orbitall 94
Organisierte Ausflüge 108
Paddeln auf dem Wannsee 28
Panorama-S-Bahn 38
Park Inn Berlin
    Alexanderplatz 111
Parkeisenbahn 25
Pension Knesebeck 110

Philipp-Schaeffer-Bibliothek 12
Potsdamer Platz 51, 82
Potsdamer Platz-Arkaden 82
Puppen-Theater-Museum 78

R, S, T
Radisson Blu Hotel 110
Regierungsviertel 6
Reichstag 49
Requisiten- und
    Kostümfundus 75
Rummelsburger Bucht 37
Rundflüge 52
Sanddüne 65
Schaubude 77
Schiffsrundfahrten 79, 109
Schloss Babelsberg 30
Schloss Bellevue 35
Schloss Charlottenburg 83
Schulmuseum 46
Sea Life Center 53
Sechstage-Rennen 115
Segeln 125
Siegessäule 7
Skatehalle 123
SO 36
Sommerbad Humboldthain 19
Sommerbad Pankow 22
Sony Center 82
Spielplätze 10, 70
Staatsoper Unter den Linden 41
Stadtbad Mitte 61
Stadtbad Schöneberg 99
Stadtmauer 86
Stasi-Gefängnis 122
Stasi-Museum 122
Stattreisen 11, 108
Steiff-Galerie 47
Steps 111
Stolpersteine 121
Strandbad Babelsberg 30
Strandbad Grünau 27
Strandbad Müggelsee 26
Strandbad Plötzensee 20
Strandbad Tegeler See 21
Strandbad Templin 32
Strandbad Wannsee 28
Strandbars 72, 81
Tadschikische Teestube 62
Taschenlampenführung 78
Tauchen 123
Taxi 104

taz-Café 58
Technikmuseum 87
Tegeler See 21
Teufelsberg 67
Teufelssee 66
Theatertreffen der Jugend 116
Thermen am Europa-Center 34
TIC 71
Tiergarten 119
Tierpark Berlin 93
Tropical Islands 99
Türkenmarkt 81

U, V, W, Z
U-Bahn-Cabrio-Tour 56
U-Bahn-Tunnelwanderung 54
Übernachten 12
Umsonstladen 114
Umweltzone 109
Unterkünfte 109
Versöhnungskapelle 57
Volkspark Friedrichshain 38, 119
Volkspark Humboldthain 56
Volkspark Potsdam 95
Vollmondangeln 20
Wannsee 28
Wasserflugzeug 52
Wasserwerk Friedrichshagen 26
Weihnachtsmärkte 117
WelcomeCard 104
Wildpark Schorfheide 100
Witty's Imbiss 16
Wochenmärkte 16
Wuhlheide 25
Zauberkönig 113
Zentraler Omnibusbahnhof am
    Funkturm (ZOB) 103
Zirkusschule 77
Zivilschutzanlage 54
Zoologischer Garten
    Berlin 44, 48
Zuckermuseum 88
Zur letzten Instanz,
    Restaurant 44

Impressum

Verlag: COMPANIONS GmbH,
Rödingsmarkt 9, 20459 Hamburg,
Tel. 040-306 04-600,
Fax 040-306 04-690,
E-Mail: info@companions.de,
Internet: www.companions.de

Autorin: Sophie Bauer
Lektorat und Schlussredaktion:
Kerstin Gonsior, Christine Reinhold
Schlusskorrektur: Ulrike Frühwald

Titelgestaltung und Layout:
Cornelia Prott

Druck und Bindung:
Druckerei zu Altenburg GmbH

Bildnachweise:
Titelfoto: imagebroker/JOT
Illustration (Umschlag): Noel Powell/iStockphoto
Berlin Partner/FTB-Werbefotografie (S. 1, 2, 3, 13, 18, 28), www.berlin-tourist-information.de (S. 5), Gabi Schoenemann /Pixelio (S. 6), Rudi/Pixelio (S. 6), Alexander Bartl/Pixelio (S. 9), Hans-Joachim Steiner/Fotolia (S. 10), gunsn.bo.rentsch/photocase (S. 15), chocolatto/photocase (S. 16), Jacek Chabraszewski/Fotolia (S. 17), arena Berlin (S. 19), Ben Kempe/Pixelio (S. 20), levis/Pixelio (S. 22), Sergey A. Pristyazhnyuk/Fotolia (S. 23), Flussbad Krokodil (S. 24), P. Kirchhoff/Pixelio (S. 26), NSfotogyrl/Fotolia (S. 27), picture-optimize.com/Fotolia (S. 29), Stern und Kreisschiffahrt GmbH (S. 30, 79, 80), T. Schröder/ Pixelio (S. 31), Renata Lauermann/Fotolia (S. 32), Land Berlin/Gläser (S. 33), Berliner Verkehrsbetriebe (BVG)/ A. Donath (S. 35), DerKlopp (S. 36, 53, 63, 81), Land Berlin/Thie (S. 3, 38, 117), Velotaxi GmbH Berlin (S. 39), Michael Leps/Pixelio (S. 40, 108, 111), Bonbonmacherei (S. 42), Ampelmann (S. 43), TIC-Berlin (S. 45, 71, 72), Museum für Naturkunde (S. 46), Zoologischer Garten Berlin Aktiengesellschaft – Zoo Berlin (S. 48), Käfer Berlin GmbH (S. 49), iStockphoto/Janne Ahvo (S. 51), Michael Berger/Pixelio (S. 52), Berliner Unterwelten e.V (S. 55), Gedenkstätte Berliner Mauer (S. 56), Brit Berlin/Pixelio (S. 57), Gruselkabinett (S. 58), Janos Balasz/Pixelio (S. 60), Ökowerk (S. 64, 66), Ökowerk (S. 67), Restaurant Grunewaldturm (S. 68), MACHmit! Kindermuseum (S. 70), Adlershofer Requisiten- und Kostümfundus (S. 74, 75), CABUWAZI (S. 76), Andreas Matthes (S. 78), Stiftung Preußische Schlösser und Gärten Berlin-Brandenburg (S. 82), Cornerstone/Pixelio (S. 83), Tropical Islands (85, 99), Loxx am Alex (S. 86), Deutsches Technikmuseum Berlin (S. 87), Zoo Berlin/Peter Griesbach (S. 89), Zoo Berlin/Karl Bröseke (S. 90), Labyrinth Kindermuseum Berlin/Nikola Mirza (S. 91), Jacks Fun World (S. 92), Tierpark Berlin/ Klaus Rudloff (S. 93), FEZ Berlin (S. 95), Bio-sphäre Potsdam (S. 96), Filmpark Babelsberg GmbH (S. 97), Fläming-Therme Luckenwalde (S. 98), NaturThermeTemplin (S. 100), York/ Fotolia (S. 101), schubalu/Pixelio (S. 102), iStockphoto/Tobias Ott (S. 104), Radisson SAS Hotel Berlin (S. 110), KaDeWe (S. 112), Ampelmann (S. 113), C. Nöhren/ Pixelio (S. 114), Internationale Filmfestspiele Berlin (S. 115), Bernd Halle/Pixelio (S. 119), Windrose/Pixelio (S. 121), Daniel Tenthorey/Fotolia.com (S. 123), iStockphoto/anja frost (S. 124),
Karte: Karthographiebüro Jochen Fischer.

ISBN 978-3-89740-664-3

© 2010 COMPANIONS GmbH, Hamburg. Alle Rechte vorbehalten, auch die der auszugsweisen sowie fotomechanischen und elektronischen Vervielfältigung sowie der kommerziellen Adressen-Auswertung und Übersetzung für andere Medien. Anschrift für alle Verantwortlichen über den Verlag. Alle Fakten und Daten in diesem Buch sind sehr sorgfältig vor Drucklegung recherchiert worden. Sollten trotz größtmöglicher Sorgfalt Angaben falsch sein, bedauern wir das und bitten um Mitteilung. Herausgeber und Verlag können aber keine Haftung übernehmen.